はじめに　～みんなが幸せになる資格～

日本は『世界でも有数の土木・建築の技術を持つ国』ではありますが、そんな素晴らしい技術を持つ会社があっけなく倒産してしまう国でもあります。
会社というのは、どんなにすごい技術を持っていても、資金調達などバックヤードの支えが弱いと、ちょっとしたトラブルやアクシデントで取り返しのつかないことになってしまうものです。
そこに、建設業経理士の存在意義があります。

また、建設業経理士は、とても珍しい資格です。
この試験に合格すると、建設業に必要な計数感覚が身に付くばかりか経営事項審査で加点されるので会社も喜べる、つまり「本人も会社も幸せになれる」という事務系の資格ではとても珍しい資格です。

しかもこの試験は、科目の建て付けがいい。
２級までで建設業経理の基礎をしっかりと学び、１級になると入札などの際にとても重要な積算の基礎となる『原価計算』を学び、財務諸表ができるまでのプロセスや考え方を『財務諸表』で学び、さらに出来上がった財務諸表の読み方を『財務分析』で学びます。
これで、積算でミスして損失を被ることもなく（原価計算）、きっちりとした決算書が作成でき（財務諸表）、さらに自社や取引先の経済状況も把握できる（財務分析）という、建設業における理想的な経理士の誕生です。

さあ、みなさん。この建設業経理士を目指しましょう！
この資格を取って、みなさん自身も、みなさんの会社も、そして……。
そして、みなさんの周りにいる大切な人たちも幸せにしていきましょう！
ネットスクールは、周りの人たちの幸せのために自分が努力する、そんなみなさんを応援しています。

合格への道案内は、我々にお任せください。

ネットスクールを代表して
桑原　知之

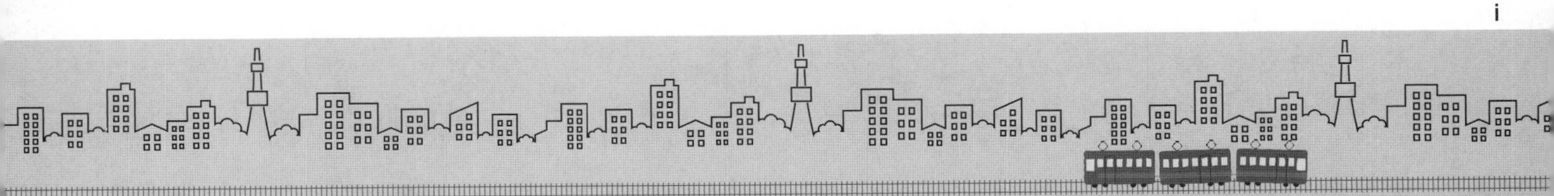

⑥ 建設業経理士２級　合格ノウハウ

試験の趣旨を知ろう
～決して、落とすための試験ではない～

世の中にある資格試験・検定試験は、何かしらの目的が必ずあり、「こういう人に合格して欲しい」とか「合格者にはこういう役割を担って欲しい」などの理念があります。

意外と見過ごされがちですが、このような目的や理念から分かることもあるので、まずはこの試験の主催団体である建設業振興基金のホームページから『建設業経理検定試験の創設』という部分を見ておきましょう。

> **建設業経理検定試験の創設**
>
> 建設産業は（中略）地域の経済・雇用を支える重要な産業であるにもかかわらず、その特性の一つに、経営基盤が脆弱な中小企業を多く抱えた多重階層的な構造であることが挙げられています。これら中小建設業の経営基盤を強化し、経営の近代化を図ることが業界全体の長年の課題となっており、（中略）建設業経理検定（１級～４級）を実施しています。

つまり、この試験は『**中小建設業の経営基盤を強化し、経営の近代化を図ること**』を目的として行われており、主催者は、一定の実力を持った人に『建設業経理士２級』というタイトルを提供し、建設業界でより活躍してもらうことを願っているものと思われます。

したがってこの試験は、決して“落とすための試験”ではないので、出題傾向が急に変化することもなく、合格率も安定的に推移しています。

モチベーションを維持しよう

多くの受講生の方にアンケートしたところ、建設業経理士２級の合格による報奨金や昇給（手当）などは、おおよそ次のとおりです。

報奨金の場合：10,000 円～ 30,000 円

昇給（手当）の場合：3,000 円／月～ 5,000 円／月

この他に昇格要件としている会社も多くあります。

また、１級になると、最高で報奨金 30 万や昇給（手当）５万円／月といったビックリするほど高額な設定のある会社もあります。

建設業界で建設業経理士の１級は、公認会計士や税理士と同格の扱いとなります。

みなさんも頑張って１級まで目指しましょう。

出題形式をマスターしよう

本試験は第１問から第５問までの５問構成です。各問題ともに、その出題形式はほぼ確立されています。まずは各問題の出題形式、配点、難易度などを把握しましょう。

	概要	パターン	配点	難易度
第１問	仕訳問題	比較的パターン化されています	20点	普通
第２問	勘定分析や計算問題	様々な問題が出題されます。	12点	難
第３問	配賦計算、費目別計算など	原価に関する計算問題が出題されています。	14点	普通〜易
第４問	①理論問題 ②完成工事原価報告書の作成	ある程度パターン化されていますが、 工事別原価計算表なども出題されています。	24点	普通〜易
第５問	精算表作成問題	パターン化されています	30点	普通

* 第３問と第４問は入れ替わることがあります。

新傾向に備えよう

〜心の備えが大切〜

“なにこれ！見たことない”と思ってパニックになり、解けるはずの問題もミスを重ねて不合格になる……これが最悪のシナリオです。

一方、近年、少しずつ目新しい内容が出題されるようになってきているのも事実です。

しかしこれらの問題は、問題文の指示に従うだけだったり、常識的な判断を要するだけだったりの問題がほとんどです。しかも、その配点は、多くても 10 点程度です。

つまり、新傾向の問題を全部落としても、十分に合格できるレベルでの出題となっています。

知っていることは落ち着いて答えるのは当然ですが、知らないことは「まず、考える」。そして「わからなかったら後回し」。さらに「最終的には勘でもいいから答える」という動きにするということを、あらかじめ決めておくことが重要です。

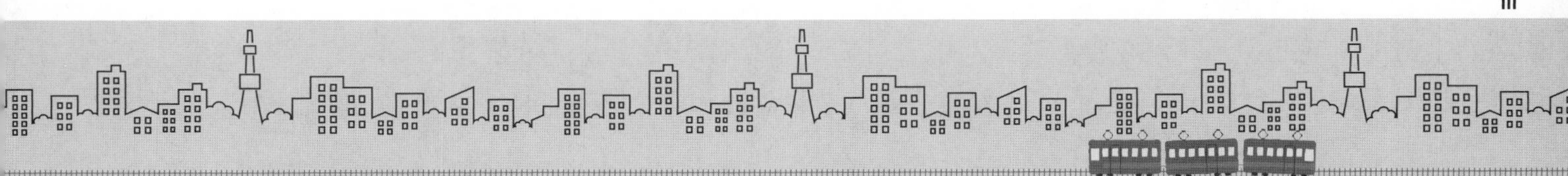

各問の特徴と合格点の取り方

【第1問(20点満点)】 16点（5問中4問正解）は取りたい！

第1問は、毎回、仕訳問題が5題出題されています。

勘定科目は勘定科目群からの選択式で、各科目に付いているアルファベットも解答するという特徴があります。また、文章が長い問題もあるので、これに備えた対策が必要です。

第1問の解き方

スマートフォン・タブレットで
視聴の方はこちら▶

※パソコンでご覧の方はxiiiページをご覧ください。

<特に頻繁に出題されているもの>

工事進行基準、有価証券の購入と利息、資本的支出と収益的支出、剰余金の配当、固定資産の除却・売却、純資産に関する仕訳

<3・4回に1回くらいの割合で出題されているもの>

貸倒れの処理、当座借越、未成工事受入金、仕入割戻し、仕入割引、手形借入れ、建設仮勘定、固定資産の購入、消費税の処理、預り金の処理、完成工事補償引当金

本書では、出題頻度の高いものから低いものまで一通り学んでいただけるように万遍なく出題しています。

【第２問（12点満点）】 半分（４問中２問）正解でOK！

計算問題が４題出題されています。

毎回２問くらいは、「よく出題されているもの」から出題されていますので、しっかりと解答できるようにしておきましょう。また、たまに「規定を知らないと解けない問題」も出題されることがあるので、本書で確認しておきましょう。

なお、得点計画上、第２問での得点は保険くらいに考えて、他の問題で合格点が取れるようにしておきましょう。

＜特に頻繁に出題されるもの＞

本支店会計（内部利益の計算・勘定残高の推定）、工事進行基準、総合償却、消費税の処理、銀行勘定調整表

＜３・４回に１回くらいの割合で出題されるもの＞

材料の取得価額の決定、有価証券の売却、固定資産の交換、固定資産の減価償却、社債、収益･費用の見越し･繰延べ

＜規定を知らないと解けない問題＞

株式発行のさいの、資本金への最低組入割合　⇒　２分の１

剰余金の配当のさいの準備金への組入れ規定　⇒　資本金の４分の１に達するまで、配当金の10分の１

のれんの最長償却年数　⇒　20年

第２問の解き方

スマートフォン・タブレットで
視聴の方はこちら▶

※パソコンでご覧の方はxiiiページをご覧ください。

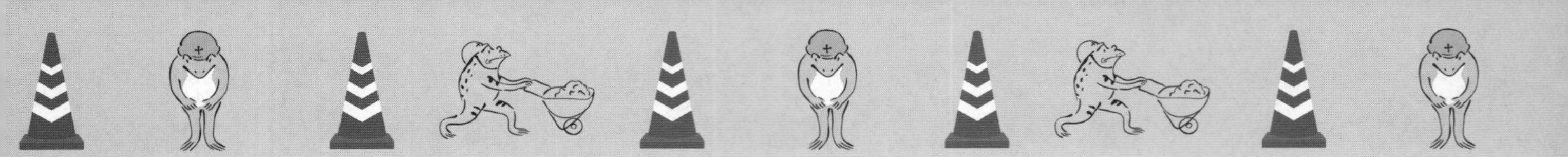

【第3問（14点満点）】絶対に部分点は取る！

出題される問題にはある程度パターンがあるので、本書でほとんどの問題に対応できるはずですが、新傾向の問題が出題される可能性もあります。

ただし、いずれの問題も、レベル的には決して難しい問題ではないので、知識を組み合わせていくことで部分点は取れる、いやむしろ部分点は取りやすい問題です。

“喰らいついて部分点をとる”という意識が大切です。

第3問の解き方

スマートフォン・タブレットで視聴の方はこちら▶

※パソコンでご覧の方は xiii ページをご覧ください。

【第4問（24点満点）】満点を狙おう！

問1：毎回、理論問題が出題されています。ただ、記号選択式ですので、完璧に内容を把握して記述できる必要はなく、問題文が「何に関する内容か」がわかることが重要です。

第4問（問1）の解き方

スマートフォン・タブレットで視聴の方はこちら▶

※パソコンでご覧の方は xiii ページをご覧ください。

問2：高い確率で、完成工事原価報告書の作成問題が出題されています。
問題の資料の整理が重要になります。

第4問（問2）の解き方

スマートフォン・タブレットで
視聴の方はこちら▶

※パソコンでご覧の方は xiii ページをご覧ください。

※実際の試験では、紙面の都合で第３問と第４問の内容が入れ替わることもあります。

【第５問(30 点満点)】「絶対満点」の気合で臨もう！

第５問は、毎回、精算表の作成問題が出題されています。

出題内容もパターン化されており、毎回必ず出題されている内容は絶対に間違えてはならない問題です。

また、決算整理事項の中にはたまに出題される内容や初めて出題される内容もありますが、問題文の指示に従うか、常識的な判断で解答できる内容ですので、この問題自体で満点が取れるようにしておきましょう。

重要な問題ですし解答のテクニックもありますから、下記の QR コードから、私の解答方法を真似て、解答作成方法を身に付けてください。

第５問の解き方

スマートフォン・タブレットで
視聴の方はこちら▶

※パソコンでご覧の方は xiii ページをご覧ください。

短期合格の緊急戦略

弊社刊行の『出題パターンと解き方』などのテキストを、前から順番に学習していくのが王道です。

しかし、この試験を受験する方は社会人の方が多く、途中で学習時間が取れずに諦めてしまう方が多いのも事実です（毎回、受験者は申込者の７割くらいしかいません）。

そこで、ピンチになっても諦めないで済むように「短期合格の緊急戦略」をお伝えしておきましょう。

ただし、簿記の基礎や原価計算の基本的な考え方（建設業経理事務士３級程度）がわかっていることが前提になります。

＜考え方＞

まず、満点を取るべき問題と部分点でいい問題とを切り分けます。

満点を取るべき問題⇒第４問、第５問

部分点でいい問題⇒第１問、第２問、第３問

極端な話ですが、第４問、第５問で満点（54 点）が取れれば、残りの問題（第１問～第３問）で、46 点中 16 点（約 35%）取れば合格できます。

＜準備＞

・本書の第１問仕訳問題だけを抜き出して、それを日々持ち歩き、移動時間や隙間時間では必ずそれを見るようにします。これを基礎力として、仕訳問題で 16 点が取れるようにしていきます。

・机の前やトイレのドアなど、目につくところに本書のカバー裏の理論対策を貼り付け、日々目に付くようにして、目にした度に読むようにします。

＜いざ行動＞

まず、第５問の精算表の作成問題を、徹底して解き、満点が取れるように頑張ります。

次に、第４問の完成工事原価報告書の作成問題を、徹底して練習し、この問題でも満点が取れるようにします。

そして、第２問では＜特に頻繁に出題されるもの＞に絞り、きっちりとマスターしておきます。

こうしておいて、本試験では、第３問にも喰らいついて部分点をもぎ取るようにしてください。

これなら短時間で合格の可能性が出てきますし、また、こうすることで、第４問の工事原価明細表などの他の問題も解いて成功の確率を上げたくなるのではないでしょうか。

とにかく、諦めずに、そして早い時期に合格を勝ち取りましょう。

解答順序
～時間切れ OUT ！防止のために～

本試験では、第１問から第５問まで、順番に解く必要は全くありません。

基本は、簡単な問題、早く解ける問題など、確実に得点できる問題から解いていくことですが、配点の大きな問題（第５問、第４問、第１問）を優先することで、時間切れになったときの失点を少なくすることができます。お薦めの解答順序は次のとおりです。

第５問⇒第４問⇒第１問⇒第３問⇒第２問

この解答順を基本にした上で、試験当日は試験会場に早めに入って、自分の番号の席に着き、本書の第５問を１問解くことをおススメします。

こうして、試験が始まってすぐに第５問に取り掛かれば、“さっき見た問題とそっくりな問題”から解き始めることができます。

ただし、どうしても精算表の合計で貸借が合わない場合は、ひとまず損益計算書の方が合っているはずだという仮定で仕上げ、その他の原因の追究は後回しにして次の問題に進みましょう（貸借対照表より損益計算書の方が集計項目が少ないため、計算ミスのリスクは一般的に低くなっています）。

なお、各問の解答時間は、制限時間 120 分のうち見直しの時間などに 20 分を使うと考えると、残り 100 分で 100 点満点の問題を解く訳ですから、「配点１点につき１分（合計 100 分）」が目安となります。

また、どうしても第１問の仕訳問題から解きたいという方には、次の解答順序がよいでしょう。

第１問⇒第５問⇒第４問⇒第３問⇒第２問

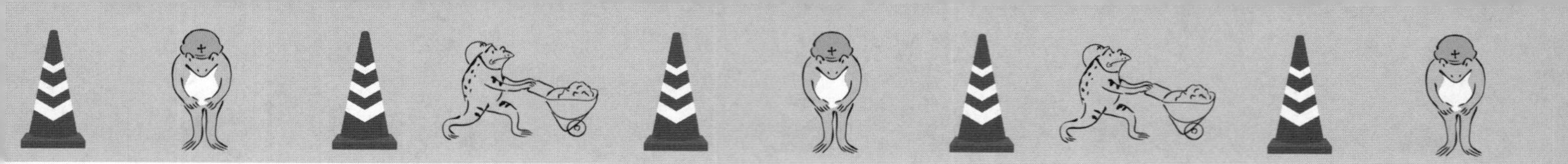

本書は、模擬試験形式で作成されていますので、第１回から順に試験時間の 120 分を計って解き進めてください。

この時、以下の点に留意してください。

★時間まで、解答を見ない

わからない、自信がない、となると、ついつい解答を見たくなるものです。

でも、どうせ本試験の途中で解答を見るわけにはいかないのですから、時間まで我慢して、１つでも２つでも解答を作成し続けましょう。最後まで考えることがみなさんの実力の養成になります。

また、２回目に解くときは、解答時間を 100 分にするなど、解答時間を短くして解きなおしましょう。

★空白は悪

とにかく、すべての問題に解答を書くことに注力してください。

自分の勝手な想像で答えを書いて、それが当たっていれば嬉しくて記憶に残りますし、間違っていても、しっかりと×を付けて正しい考え方（正しい答えではない）を書き添えておけば、あとでの復習も楽になります。

自信がないからと言って空白にしてしまったのでは、費やした時間が無駄になるだけです。

“空白は悪”と認識しておきましょう。

★解答用紙を『間違いノート』にする

間違ったところは、赤ペンで（脳に印象が残るように）しっかりと×を書き、その余白に、間違えた理由を書いておきます。この時に、知識的な内容だけでなく、ケアレスミスをした場合は「電卓打ち間違え」とか「問題読み飛ばし」といったミスの具体的な内容まで記入してください。自分のミスを知ることが、本試験でのミスの防止につながります。

また本書は、過去の出題をひと通り解けるように出題しましたので、本書で作った間違いノートで復習すれば、全内容の復習にもなるはずです。

※解き直しのために解答用紙が必要な方は、あらかじめコピーして使うか、弊社のホームページの、解答用紙のダウンロードサービスをご利用ください。

日商簿記との違い

日商簿記の２級には工業簿記があり、そこでは一般的な製造業の処理を学びますが、建設業ではそれと異なる点があります。

主なものをみておきましょう。

1．勘定科目名

日商簿記で扱う一般的な製造業と建設業では、意味は同じでも勘定科目名が異なります。

一般的な製造業	建設業	内容
売上高	完成工事高	完成した工事の売上高
売上原価	完成工事原価	完成した工事の原価
仕掛品	未成工事支出金	未完成の工事に支出した金額
売掛金	完成工事未収入金	完成した工事における未収入の請負代金
買掛金	工事未払金	材料、外注費、労務費といった工事原価の未払金
前受金	未成工事受入金	未完成の工事において受け入れた金額

・「完成工事」という言葉を「売上」と置き換えるとわかりやすくなります。

例）完成工事未収入金⇒売上の未収入金⇒売掛金

・建設業の勘定科目の文字の意味から、日商簿記の勘定科目を推定することができます。

例）未成工事支出金⇒完成していない工事への支出金⇒仕掛品

2．費目の分類

建設業における労務費の範囲は「工事に直接従事した作業員に対する賃金、給与、手当など」とされており、日商簿記の直接工賃金のイメージになります。日商簿記（一般の製造業）では労務費となるものでも、それ以外はすべて建設業では「経費」となります。また、経費の内訳として人件費を示すことがあります。

なお、日商簿記（一般の製造業）で経費の一部として扱う外注費は、建設業では金額が大きくなり重要度が高いことから、独立した科目で表示します。

製造業	内容	建設業
労務費	工事に直接従事した作業員に対する賃金、給与、手当など	労務費
	工事現場の管理業務、事務職員の給料、手当など	経　費
	退職給付引当金繰入額、法定福利費など	
経　費	一般的な経費（電力料金、保険料など）	
	外注費	外注費

一般の製造業での表示

製造原価報告書	
Ⅰ．材料費	×××
Ⅱ．労務費	×××
Ⅲ．経　費	×××

建設業での表示

完成工事原価報告書	
Ⅰ．材料費	×××
Ⅱ．労務費	×××
Ⅲ．外注費	×××
Ⅳ．経　費	×××
（うち人件費 ×××）	

3．有形固定資産など

①仮設資材・建物の取り扱い

工事現場の足場など、工事の完了とともに撤去され、工事現場の移動に伴って移動して使う資産の原価は、設置時に全額を一旦、工事原価（未成工事支出金勘定）に加え、撤収時に評価額分を工事原価から差し引く『すくい出し方法』が用いられます。

②工事用の機械

ブルドーザーやショベルカー、可搬コンベヤなどは、機械装置勘定で処理します。ショベルカーなど、車両運搬具勘定で処理してしまいがちです。間違えないようにしてください。

車両運搬具かどうかは「人または物そのものの運搬を目的としているかどうか」で判別します。したがって、ショベルカーは運搬が目的ではないため、車両運搬具とはなりません。

4．収益の認識（収益を計上するタイミング）

建設業独特の収益の認識基準として『工事進行基準』があります。

例えば、１２億円で請け負った工事の見積総工事原価が８億円であったときに、当期に２億円（1/４）の原価が発生すれば、収益も請負額の１/４の３億円を計上するという計算です。

第１問か第２問で毎回のように出題される内容ですので、しっかりとマスターしておきましょう。

解説動画無料配信のご案内

ネットスクール建設業経理士 WEB 講座で２級を担当する桑原先生が本書の第１回模擬試験問題を、１級を担当する藤本先生が第８回模擬試験の問題を解説する動画を、YouTube にて無料配信いたします。

▼解説動画の視聴はこちらから▼

http://www.ns-2.jp/kens2q_mogi2/

（注意事項）
動画の視聴に必要な端末およびインターネット環境は、読者の皆様各自でご用意ください。
動画の視聴自体は無料ですが、視聴に伴い発生する通信料等はお客様のご負担となります。動画の視聴は通信データ量が多くなる傾向がございますので、ご注意ください。
配信する動画の内容などについては、事情により予告なく変更または配信の停止を行う場合もございます。あらかじめご了承ください。

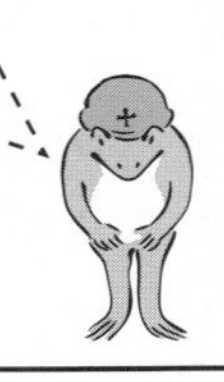

CONTENTS

第1回建設業経理士検定試験

2級　模擬試験問題

（実際の試験では以下の文言が記載されています。）

注　意　事　項

1．解答は、解答用紙に指定された解答欄内に記入してください。解答欄外に記入されているものは採点しません。

2．金額の記入にあたっては、以下のとおりとし、1ますごとに数字を記入してください。

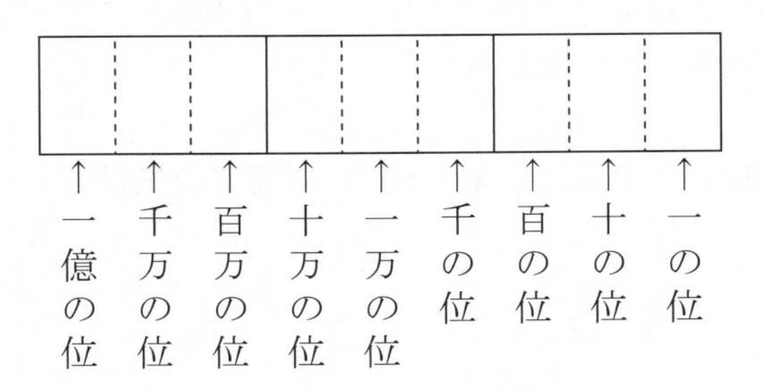

3．解答は、指定したワク内に明瞭に記入してください。判読し難い文字が記入されている場合、その解答欄については採点しません。

4．消費税については、設問で消費税に関する指示がある場合のみ、これを考慮した解答を作成してください。

5．解答用紙には、氏名・受験番号シール貼付欄が2ヵ所あります。2ヵ所とも、氏名はカタカナで記入し、受験番号は受験票に付いている受験番号シールを貼ってください。なお、受験番号シールがないときは、自筆で受験番号を記入してください。（氏名・受験番号が正しく表示されていないと、採点できない場合があります。）

〔第１問〕

次の各取引について仕訳を示しなさい。使用する勘定科目は下記の<勘定科目群>から選び、その記号（Ａ～Ｘ）と勘定科目を書くこと。なお、消費税率は10%とし、解答は次に掲げた（例）に対する解答例にならって記入しなさい。　　(20点)

（例）　現金￥100,000を当座預金に預け入れた。

⑴　１株当たりの払込金額￥4,300で新株を2,000株発行することとし、払込期日までに全額が取扱銀行に払い込まれた。

⑵　当期の法人税、住民税及び事業税￥533,000を計上する。なお、中間申告として納付した￥520,000は仮払法人税等として計上されている。

⑶　当期に福岡商会から受注し、完成した工事に係る完成工事未収入金の一部￥1,100,000(消費税込み)について貸倒れが発生した。貸倒引当金の期首残高は、￥1,600,000である。なお、消費税の会計処理は税抜方式を採用している。

⑷　丙工務店は、自己所有の中古のクレーン（簿価￥1,600,000）と交換に、他社のクレーンを取得し交換差金￥200,000を小切手を振り出して支払った。

⑸　材料500個を＠￥650（税抜）で掛買し、￥5,000の割戻しを受けた。なお、消費税の会計処理は税抜方式を採用している。

<勘定科目群>

A	現金	B	当座預金	C	別段預金	D	完成工事未収入金
E	未成工事支出金	F	材料	G	機械装置	H	仮払法人税等
J	仮払消費税	K	工事未払金	L	未払法人税等	M	仮受消費税
N	未払消費税	Q	貸倒引当金	R	資本金	S	利益準備金
T	新株式申込証拠金	U	貸倒損失	W	完成工事原価		
X	法人税、住民税及び事業税						

第1回

〔第２問〕

次の [　　　] に入る正しい金額を計算しなさい。（12点）

(1) 佐賀株式会社は、商品について原価に10％の利益を加算した額を振替価格としている。支店の期末時点における商品棚卸高が￥200,200（そのうち、本店仕入分は￥57,200）、未達商品が￥42,900（そのうち、本店仕入分は￥14,300）であるとき、控除される内部利益は￥ [　　　] である。

(2) 前期に着工したＸ工事については、成果の確実性が認められなかったため工事完成基準を適用してきたが、当期に成果の確実性を事後的に獲得したため、当期より工事進行基準を適用することとした。なお、Ｘ工事の工期は３年、請負金額￥32,500,000、総工事原価見積額￥29,250,000、前期の工事原価発生額￥4,550,000、当期の工事原価発生額￥18,850,000であった。工事進捗度の算定について原価比例法によっている場合、当期の完成工事高は￥ [　　　] である。

(3) 熊本建設株式会社は、×６年４月１日（期首）に額面総額￥6,500,000（償還期限５年、利率年６％、期末払い）の社債を額面￥100につき￥98.5で発行し、全額の払込みを受け当座預金としていた。この社債を償却原価法（定額法）により処理していた場合、×９年４月１日に社債￥1,300,000を額面￥100につき￥101で買入消却したときに計上される社債償還損の金額は￥ [　　　] である。

(4) 資本金￥13,000,000、資本準備金￥1,950,000、利益準備金￥650,000を有している長崎建設株式会社は、その他資本剰余金から￥390,000、その他利益剰余金から￥260,000を剰余金の配当として支出した。この場合、新たに必要な利益準備金の積立額は￥ [　　　] である。

〔第３問〕

神奈川建設株式会社では、工事を第１部門と第２部門とで施工している。この他、両部門に共通して補助的なサービスを提供している車両部門、機械部門及び材料管理部門があり、これらの補助部門は独立して各部門の原価管理を実施している。次の<資料>に基づいて、相互配賦法（簡便法）により補助部門費を施工部門に配賦し、解答用紙の「部門費振替表」を完成しなさい。なお、解答の記入において端数が生じた場合には、円未満を四捨五入すること。（14点）

<資料>

⑴　「部門費配賦表」に集計された各部門費の合計金額

第１部門　￥590,540　　第２部門　￥479,370

車両部門　￥135,020　　機械部門　￥201,030　　材料管理部門　￥94,040

⑵　各補助部門の他部門へのサービス提供度合（%）

	第１部門	第２部門	車両部門	機械部門	材料管理部門
車両部門	47	43	―	6	4
機械部門	35	38	16	―	11
材料管理部門	38	47	4	11	―

〔第４問〕

以下の設問に解答しなさい。（24点）

問１　次の文章は、下記の<原価計算の種類>のいずれと最も関係深い事象か、記号（Ａ～Ｆ）で解答しなさい。なお、同一記号を２回以上使用してはならない。

1．建設業や造船業では、原則として、受注した工事別に原価を集計する。

2．原価計算基準にいう「原価の本質」の定義から判断すれば、工事原価に販売費及び一般管理費を含めたものがいわゆる原価性を有するものと考えられる。

3．個別工事について実行予算を設定しておくことは、建設業の原価管理にとって重要な意義がある。

4．見込み量産をしている鉄筋工場の原価計算では、素材とそれを加工する作業との区分が大切である。

<原価計算の種類>

Ａ　個別原価計算　　Ｂ　総合原価計算　　Ｃ　総原価計算

Ｄ　形態別原価計算　　Ｅ　機能別原価計算　　Ｆ　事前原価計算

問２　下記の<資料>によって、当月の完成工事原価報告書を作成しなさい。また、工事間接費配賦差異の月末残高を計算しなさい。なお、その残高が借方の時は「A」、貸方の時は「B」を解答用紙の所定の欄に記入すること。

<資料>

1．当月は、13～15の工事番号をもつ工事を実施し、月末までに13工事と15工事とが完成したが、14工事は工期が数か月のもので未完成である。

2．前月から繰り越した工事原価に関する勘定残高は次のとおり。

(1)　未成工事支出金

（単位：円）

	13工事	14工事
材料費	62,300	45,750
労務費	36,200	12,370
外注費	51,400	54,030
経費	13,400	24,850
合計	163,300	137,000

(2)　工事間接費配賦差異　￥6,300（貸方残高）

3．当月の発生工事原価（工事間接費を除く）

（単位：円）

摘要＼工事番号	13	14	15	合計
材料費	53,830	290,320	240,370	584,520
労務費	38,050	137,500	364,280	539,830
外注費	42,670	210,680	410,650	664,000
直接経費	9,300	85,400	81,200	175,900

4．工事間接費の配賦

(1)　予定配賦率　　重機械運転１時間当たり￥1,300

(2)　当月の工事別重機械運転時間

（単位：時間）

工事番号	13	14	15	合計
運転時間	12.5	42	51.5	106

(3)　工事間接費の当月実際発生額　￥142,000

(4)　工事間接費はすべて経費として処理する。

〔第５問〕

次の<決算整理事項等>に基づき、解答用紙の精算表を完成しなさい。なお、工事原価は未成工事支出金を経由して処理する方法によっている。会計期間は１年である。また、決算整理の過程で新たに生じる勘定科目で、精算表上に指定されている科目は、そこに記入すること。（30点）

<決算整理事項等>

⑴　当座預金の期末残高証明書を入手したところ、残高は¥618,200であった。差額原因は、調査したところ以下のような内容であった。

①　会社が契約している本社従業員社宅の家賃（前払）¥72,800が引き落とされていたが、未処理であった。

②　完成工事の工事代金¥236,000が期末に振り込まれていたが、発注者より連絡を受けていなかったため、未記帳であった。

⑵　仮払金の期末残高は以下の内容であることが判明した。

①　管理部門従業員の出張旅費の仮払金¥13,000。当該仮払金は旅費交通費に振り替える。

②　法人税の中間納付額¥32,500。

⑶　材料貯蔵品の期末棚卸を行ったところ棚卸減耗が¥41,600発生していた。全額工事原価として処理する。

⑷　受取手形のうち¥26,000が不渡りとなっていることが判明した。

⑸　減価償却に関する事項は以下のとおりである。なお、当期中に固定資産の増減取引は発生していない。

①　機械装置については耐用年数を８年、残存価額をゼロとして、定額法により減価償却費を計上する。なお、機械装置の減価償却費については、月次決算において、月額¥23,400を未成工事支出金に予定計上している。また、予定計上額と実際発生額との差額は当期の工事原価に加減する。

②　備品については耐用年数を５年、残存価額をゼロとして、定額法により減価償却費を計上する。なお、備品の減価償却費は全額、販売費及び一般管理費に計上する。

⑹　退職給付引当金の当期発生額は、一般管理部門¥105,300、施工部門¥245,700である。なお、月次決算において、施工部門の退職給付引当金については月額¥18,200を未成工事支出金に予定計上している。また、予定計上額と当期発生額との差額は当期の工事原価に加減する。

⑺　当期の完成工事高に対して0.1％の完成工事補償引当金を計上する。（差額補充法）

⑻　売上債権の期末残高の１％及び不渡手形金額の50％について貸倒引当金を計上する。（差額補充法）

⑼　未成工事支出金の次期繰越高は¥2,769,000となった。

⑽　当期の法人税、住民税及び事業税として税引前当期純利益の30％を計上する。

【禁無断転載】

第2回建設業経理士検定試験

2級　模擬試験問題

（実際の試験では以下の文言が記載されています。）

注　意　事　項

1．解答は、解答用紙に指定された解答欄内に記入してください。解答欄外に記入されているものは採点しません。

2．金額の記入にあたっては、以下のとおりとし、1ますごとに数字を記入してください。

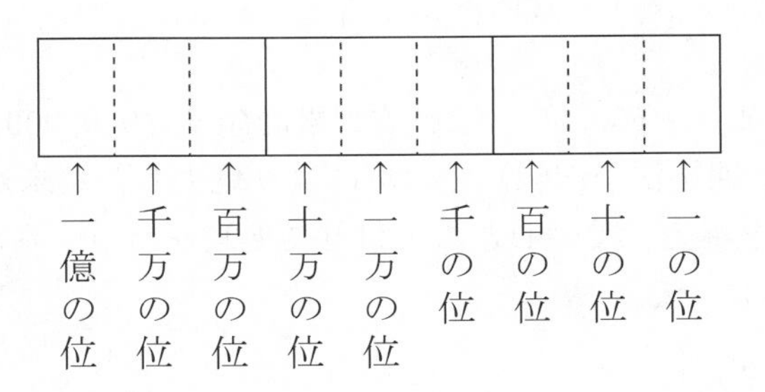

3．解答は、指定したワク内に明瞭に記入してください。判読し難い文字が記入されている場合、その解答欄については採点しません。

4．消費税については、設問で消費税に関する指示がある場合のみ、これを考慮した解答を作成してください。

5．解答用紙には、氏名・受験番号シール貼付欄が2ヵ所あります。2ヵ所とも、氏名はカタカナで記入し、受験番号は受験票に付いている受験番号シールを貼ってください。なお、受験番号シールがないときは、自筆で受験番号を記入してください。（氏名・受験番号が正しく表示されていないと、採点できない場合があります。）

〔第１問〕

次の各取引について仕訳を示しなさい。使用する勘定科目は下記の＜勘定科目群＞から選び、その記号（Ａ～Ｘ）と勘定科目を書くこと。なお、解答は次に掲げた（例）に対する解答例にならって記入しなさい。 (20点)

（例） 現金￥100,000を当座預金に預け入れた。

⑴ 利付国債の利札￥46,800が満期日となっていた。そのうち、￥31,200は前期の決算整理で未収計上していたが、当期首における再振替仕訳は行っていない。なお、再振替仕訳を行ってから、利札の処理を行うこと。

⑵ 取締役会の決議により、資本準備金￥7,000,000を資本金に組み入れ、株式1,000株を株主に無償交付した。

⑶ 前期において契約額￥13,000,000（着手金の受入はなし）の工事（工期は３年）を受注し、成果の確実性が見込まれるために前期から工事進行基準を適用している。なお、当該工事の工事原価総額の見積額は￥10,400,000である。発生した工事原価は前期が￥2,600,000、当期が￥5,200,000であった。当期の工事収益及び工事原価に関する仕訳を示しなさい。

⑷ ９月30日に倉庫（取得原価￥6,500,000、減価償却累計額￥1,950,000、耐用年数 10年、残存価額 ゼロ、減価償却方法 定額法、間接法で記帳）を火災により焼失したが未処理であった。本日、火災保険の査定があり￥2,860,000を現金で受領したので併せて処理を行う。なお、決算日は３月31日であり、減価償却の計算は月割計算による。

⑸ 宮崎建材に対する工事未払金￥22,000（消費税込み）を決済日よりも早く支払うことで￥200の割引を受け、小切手を振り出して支払った。

＜勘定科目群＞

A	現金	B	当座預金	C	完成工事未収入金	D	未成工事支出金
E	未収利息	F	受取手形	G	建物	H	支払手形
J	未払利息	K	未成工事受入金	L	工事未払金	M	建物減価償却累計額
N	資本金	Q	資本準備金	R	完成工事高	S	有価証券利息
T	仕入割引	U	完成工事原価	W	減価償却費	X	火災損失

〔第２問〕

次の [　　] に入る正しい金額を計算しなさい。　　(12点)

⑴　鹿児島建設株式会社は、材料について原価に５％の利益を加算した額を支店に対する振替価格としている。支店の期末時点における未成工事支出金に含まれている材料費が￥546,000（そのうち本店仕入分は￥436,800）、材料が￥273,000（そのうち本店仕入分は￥245,700）としたとき、控除される内部利益は￥ [　　] である。

⑵　授権株式数1,000株の乙株式会社を設立することとなった。払込金額は１株あたり￥75,000、発行株式数は会社法が定める必要最低限度とし、全額を資本金に組み入れるとした場合、資本金の額は￥ [　　] となる。

⑶　乙建設㈱は、20X1年４月１日に得意先の丙商店に対する貸付のために現金￥9,360,000を支出し、その見返りに同商店振出しの約束手形￥9,600,000（支払期日20X5年３月31日）を受け取った。償却原価法（定額法）による場合、当該貸付金の20X3年３月31日における貸借対照表価額は￥ [　　] である。

⑷　前受地代の期首残高￥27,000、当期における地代の収入額￥ [　　] 、当期の損益計算書に記載された受取地代￥153,600であれば、当期末の貸借対照表に記載される前受地代は￥44,280となる。

第２回

〔第３問〕

解答用紙に示す各勘定口座に適切な勘定科目あるいは金額を記入しなさい。なお、記入すべき勘定科目については、下記の＜勘定科目群＞から選択して記号（ア～コ）で解答すること。（14点）

＜勘定科目群＞

ア　完成工事高　イ　完成工事原価　ウ　販売費及び一般管理費　エ　受取利息
オ　支払利息　カ　損益　キ　未成工事支出金　ク　未成工事受入金
コ　工事未払金

〔第４問〕

以下の設問に解答しなさい。（24点）

問１　次の文章は下記の＜制度的原価の基礎的分類基準＞のいずれと最も関係の深い事象か。該当するものを記号（A～D）で解答しなさい。なお、同じ記号を２回以上使用してはならない。

1．建設業では、原則として、受注した工事別に原価を集計する個別原価計算が採用される。
2．同じ資材を消費しても、直接工事の鉄筋工事で使う場合と共通仮設工事で使う場合とでは、しっかり区別して整理しなければならない。
3．一般的な建築工事においては、材料費は受注請負金額と比例的に発生するが、機械等経費は、保有固定資産の減価償却費のように会計期間において一定額が固定的に発生する。
4．建設業法施行規則における完成工事原価報告書では、現場管理に係る従業員給与等を、経費の内書の「人件費」として明示することとしている。

＜制度的原価の基礎的分類基準＞

A　発生形態別分類　B　作業機能別分類　C　計算対象との関連性分類
D　操業度との関連性分類

問２　次の＜資料＞により、解答用紙に示す工事別原価計算表を完成しなさい。また、工事間接費配賦差異の月末残高を計算しなさい。なお、その残高が借方の場合は「A」、貸方の場合は「B」を解答用紙の所定の欄に記入しなさい。

＜資料＞

1．当月は、X工事（前月からの繰越工事）、及び当月から着工したY工事とZ工事を施工した。月末に、X工事とY工事が完成し、発注者に引き渡した。

２．前月から繰り越した工事原価に関する各勘定残高は、次のとおりである。

⑴　未成工事支出金

（単位：円）

	X工事
材料費	417,600
労務費	143,250
外注費	561,900
経費	145,200
計	1,267,950

⑵　工事間接費配賦差異　￥15,780（借方残高）

（注）工事間接費配賦差異は月次においては繰り越すこととしている。

３．材料の棚卸・受払に関するデータ

（数量単位：kg　金額単位：円）

日付	摘要	数量	単価
1日	前月繰越	50	1,350
7日	仕入れ	180	1,500
11日	Y工事に投入	140	
17日	仕入れ	170	1,650
24日	Z工事に投入	150	

４．当月に発生した工事直接費

（単位：円）

	X工事	Y工事	Z工事
材料費	（総平均法により各自計算）		
労務費	492,900	267,900	428,100
外注費	819,200	638,700	471,300
直接経費	108,900	69,100	96,850

５．工事間接費の配賦方法と実際発生額

⑴　工事間接費については直接原価基準による予定配賦法を採用しており、予定配賦率は３％である。

⑵　工事間接費の当月実際発生額　￥78,570

⑶　工事間接費はすべて経費である。

〔第５問〕

次の<決算整理事項等>に基づき、解答用紙の精算表を完成しなさい。なお、工事原価は未成工事支出金を経由して処理する方法によっている。会計期間は１年である。また、決算整理の過程で新たに生じる勘定科目で、精算表上に指定されている科目はそこに記入すること。（30点）

<決算整理事項等>

⑴　現金の期末有高は￥184,860であり、現金過不足の発生原因は不明である。

⑵　仮設材料費の把握についてはすくい出し方式を採用しているが、現場から撤去されて倉庫に戻された評価額￥260の仮設材料について未処理である。

⑶　仮払金の期末残高は、以下の内容であることが判明した。
- ①　生命保険会社に対して支払われた保険料の前払分￥45,500
- ②　当期中に発生した備品の故障に対する修理費用￥4,550（販売費及び一般管理費に計上する）
- ③　材料購入代金の前渡分￥35,100

⑷　仮受金の期末残高は、工事請負代金の前受分であることが判明した。

⑸　減価償却は定額法によっている。なお、当期中に固定資産の増減取引は発生していない。

①　機械装置
耐用年数を８年、残存価額をゼロとして減価償却費を計上する。
なお、機械装置の減価償却費については、月次原価計算において、月額￥12,740を未成工事支出金に予定計上している。なお、予定計上額と実際発生額との差額は当期の工事原価に加減する。

②　車両運搬具
耐用年数を６年、残存価額をゼロとして減価償却費を計上する。
なお、車両運搬具の減価償却費は全額工事間接費であり、未成工事支出金に計上する。

③　備　品
耐用年数を４年、残存価額をゼロとして減価償却費を計上する。
なお、備品の減価償却費は全額、販売費及び一般管理費に計上する。

⑹　退職給付引当金の当期発生額は、一般管理部門￥105,300、施工部門￥211,900である。

⑺　完成工事補償引当金を完成工事高に対して0.1％計上する。（差額補充法）

⑻　売上債権の期末残高に対して１％の貸倒引当金を計上する（差額補充法)。なお、当期末の売上債権のうち、貸倒れが懸念される債権￥143,000については、回収不能と見込まれる￥71,500を個別に貸倒引当金として計上する。

⑼　未成工事支出金の次期繰越高は￥947,570となった。

⑽　当期の法人税、住民税及び事業税として税引前当期純利益の30％を計上する。ただし、中間納付額が販売費及び一般管理費に￥82,000計上されている。

第3回建設業経理士検定試験

2級　模擬試験問題

（実際の試験では以下の文言が記載されています。）

注　意　事　項

1．解答は、解答用紙に指定された解答欄内に記入してください。解答欄外に記入されているものは採点しません。

2．金額の記入にあたっては、以下のとおりとし、1ますごとに数字を記入してください。

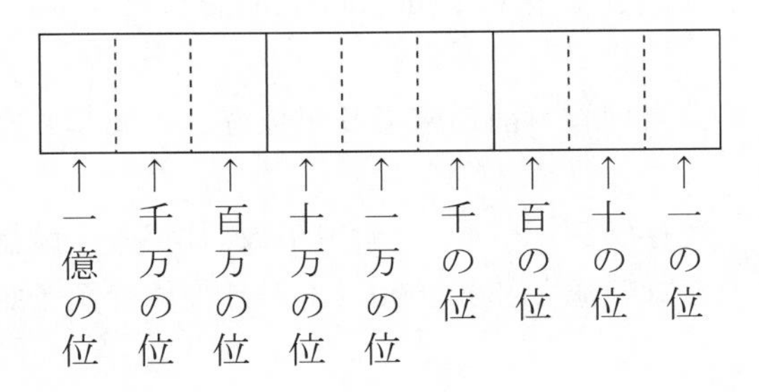

3．解答は、指定したワク内に明瞭に記入してください。判読し難い文字が記入されている場合、その解答欄については採点しません。

4．消費税については、設問で消費税に関する指示がある場合のみ、これを考慮した解答を作成してください。

5．解答用紙には、氏名・受験番号シール貼付欄が2ヵ所あります。2ヵ所とも、氏名はカタカナで記入し、受験番号は受験票に付いている受験番号シールを貼ってください。なお、受験番号シールがないときは、自筆で受験番号を記入してください。（氏名・受験番号が正しく表示されていないと、採点できない場合があります。）

〔第１問〕

次の各取引について仕訳を示しなさい。使用する勘定科目は下記の<勘定科目群>から選び、その記号（Ａ～Ｘ）と勘定科目を書くこと。なお、解答は次に掲げた（例）に対する解答例にならって記入しなさい。 （20点）

（例） 現金￥100,000を当座預金に預け入れた。

(1) 北海道商事に対する工事代金の中間金として、同社振出しの小切手￥550,000を受け取った。

(2) 6月12日に額面￥7,500,000の社債を￥100につき￥96で買い入れ、端数利息（日割計算する）とともに小切手を振り出して支払った。なお、この社債は償還期間5年、利率年3%、利払日3月31日と9月30日の年2回である。

(3) ＮＳ銀行から￥1,800,000を借り入れ、同額の約束手形（支払期日60日後）を振り出した。利息（年利率3.65%）を差し引かれ、手取額が当座預金口座に振り込まれた。なお、利息の計算は１年を365日として日割計算する。

(4) 甲社は株主総会の決議により、資本金￥2,000,000を減資した。

(5) 次の機械を保有していたが、当期首（前期末で５年経過）で売却した。売却に関する仕訳を示しなさい。

取得価額 ￥2,000,000　　残存価額 ゼロ　　耐用年数 ８年　　減価償却方法 定額法
記帳方法 間接法　　売却価額 ￥500,000（１か月後に受領予定）

<勘定科目群>

A	現金	B	当座預金	C	完成工事未収入金	D	未成工事支出金
E	未収入金	F	機械装置	G	投資有価証券	H	減価償却累計額
J	未払配当金	K	手形借入金	L	工事未払金	M	未成工事受入金
N	資本金	Q	その他資本剰余金	R	利益準備金	S	繰越利益剰余金
T	有価証券利息	U	機械装置売却益	W	支払利息	X	機械装置売却損

〔第２問〕

次の ［　　　］ に入る正しい金額を計算しなさい。　(12点)

(1)　機械装置Ａは取得原価￥1,680,000、耐用年数６年、残存価額ゼロであり、機械装置Ｂは取得原価￥6,720,000、耐用年数12年、残存価額ゼロである。これら２つの機械装置を１つの償却単位として総合償却法で減価償却費の計算(定額法)を行う場合、加重平均法で計算した平均耐用年数は ［　　　］ 年である。

(2)　前期に着工した請負金額￥12,500,000の甲工事については、工事進行基準を適用して収益計上している。前期における工事原価発生額は￥1,350,000であり、工事原価総額の見積額は￥11,250,000であった。当期において工事原価総額の見積額を￥11,500,000に変更した。なお、当期の工事原価発生額は￥6,700,000であった。工事進捗度の算定について原価比例法によっている場合、当期の完成工事高は￥ ［　　　］ である。

(3)　資本金￥10,000,000、資本準備金￥1,000,000、利益準備金￥1,475,000を有している岩手建設株式会社は、その他資本剰余金から￥300,000、その他利益剰余金から￥200,000、剰余金の配当を行った。この場合、新たに必要な資本準備金の積立額は￥ ［　　　］ である。

(4)　宮城建設株式会社は、栃木建材社から材料1,000個を@￥200で掛で仕入れたが、一部の材料に傷みがあることを発見したので￥3,000の値引を受けた。また、掛代金を決済日より早期に支払ったので￥6,000の割引と、￥4,000の割戻しを受けた。このとき、材料勘定は￥ ［　　　］ の借方残高である。

〔第３問〕

茨城建設株式会社の×９年７月の甲材料の受払状況は、次の＜資料＞のとおりである。これに基づき、以下の設問に解答しなさい。なお、計算の過程で端数が生じた場合、材料単価は小数点第３位を四捨五入して小数点第２位まで算出し、払出金額は円位未満を四捨五入して算出すること。　(14点)

＜資料＞

材　料　元　帳

×９年７月　　　(数量：kg、単価及び金額：円)

月	日	摘要	受入			払出			残高		
			数量	単価	金額	数量	単価	金額	数量	単価	金額
7	1	前月繰越	40	150	6,000				40	150	6,000
	13	千葉石材より仕入れ	160	XXX	(A)				200	XXX	XXX
	15	３号工事に払出し				180	XXX	(B)	20	XXX	XXX
	19	埼玉建材より仕入れ	140	170	23,800				160	XXX	XXX
	26	６号工事に払出し				120	XXX	(C)	40	XXX	XXX
	29	３号工事より戻入れ				△ 22	XXX	△ (D)	62	XXX	XXX
	31	**次月繰越**				**62**	**XXX**	**XXX**			
			340	—	XXX	340	—	XXX			

注　千葉石材店より仕入れた材料の購入データは以下のとおりである。

(1)　購入数量：　160kg

(2)　購入代価：￥27,200

(3)　買入手数料：￥1,600

問１　材料の払出計算を先入先出法で行う場合の（A）～（D）の数値を解答しなさい。

問２　材料の払出計算を移動平均法で行う場合の（A）～（D）の数値を解答しなさい。

〔第４問〕

以下の設問に解答しなさい。　(24点)

問１　次の文章は、下記の＜原価計算の種類＞のいずれと最も関係が深いか。該当するものを記号（A～E）で解答しなさい。なお、同じ記号を２回以上使用してはならない。

1．建築工事の入札に参加するため、その予定価格用の工事原価を積算する。

2．建設業法施行規則に定める完成工事原価報告書を作成するための工事原価を集計する。

3．受注生産の企業では、原則として受注別に原価を集計する番号を設定して番号別の原価を集計する。

4．特定の業務について能率を測定する尺度となるように、事前の目標原価を計算しておく。

5．建設資材を量産している企業では、原価計算期間において発生した原価をそれに応じた生産量で割って製品の単位原価を計算する。

<原価計算の種類>

A　標準原価計算　　B　総合原価計算　　C　個別原価計算
D　形態別原価計算　　E　工種別原価計算

問２　次の<資料>に基づいて、①と②に解答しなさい。なお、工事収益の認識については工事完成基準を適用する。

①　解答用紙に示す各勘定口座の空欄に相手勘定及び金額を記入しなさい。なお、相手勘定は、下記の<勘定科目群>から選択して記号（ア〜コ）で解答すること。

②　月次（×３年９月）の完成工事原価報告書を作成しなさい。

<資料>

１．当月の工事概況

工事番号	着　工	竣　工
603	×３年５月	×３年９月
604	×３年９月	×３年９月
605	×３年９月	×３年12月予定

２．前月からの繰越額の内容

⑴　未成工事支出金

（単位：円）

工事番号	材料費	労務費	外注費	経　費
603	186,590	104,570	87,040	38,610

⑵　現場共通費配賦差異　甲部門　¥2,476（借方残高）
　　　　　　　　　　　　乙部門　¥1,790（貸方残高）

３．当月の発生工事原価

⑴　工事直接費

（単位：円）

工事番号	材料費	労務費	外注費	経　費
603	30,550	41,920	47,800	14,680
604	194,650	99,670	87,110	37,280
605	54,050	37,910	45,640	14,370

⑵　現場共通費の実際発生額は、解答用紙の当該勘定に記入のとおり。

４．現場共通費の予定配賦

⑴　甲部門費の配賦基準は直接作業時間法であり、当月の予定配賦率は１時間当たり¥472である。当月の工事別直接作業時間は次のとおり。　（単位：時間）

工事番号	603	604	605
作業時間	19	51	25

⑵　乙部門費の配賦基準は直接材料費法であり、当月の予定配賦率は12%である。

⑶　現場共通費はすべて経費に属するものである。

⑷　予定配賦計算の過程で端数が生じた場合は、円未満を四捨五入すること。

＜勘定科目群＞

ア　材料費　　イ　労務費　　ウ　外注費　　エ　経費　　オ　甲部門費

カ　乙部門費　　キ　未成工事支出金　　ク　完成工事原価　　コ　現場共通費配賦差異

〔第５問〕

次の＜決算整理事項等＞に基づき、解答用紙の精算表を完成しなさい。なお、工事原価は未成工事支出金を経由して処理する方法によっている。会計期間は１年である。また、決算整理の過程で新たに生じる勘定科目で、精算表上に指定されている科目はそこに記入すること。（30点）

＜決算整理事項等＞

⑴　受取手形のうち￥20,000が不渡りとなった。この手形について貸倒引当金を100%設定する。

⑵　売上債権（上記不渡手形を除く）の期末残高の２%について貸倒引当金を計上する。（差額補充法）

⑶　期末材料の棚卸減耗が￥9,590発生した。当該減耗は管理上やむを得ない目減りによるものである。

⑷　減価償却費

①　工事用：機械装置に対して￥128,000。ただし、月次で￥10,000の減価償却費を毎月計上しており、当期の予定計上額と実際発生額の差額を当期の工事原価（未成工事支出金）に加減する。

②　一般管理用：建物（定額法、耐用年数15年、残存価額ゼロ）

③　一般管理用：備品（定額法、耐用年数５年、残存価額ゼロ）

⑸　仮払金は本社建物の補修代金であり、この補修工事は決算日に完了したものである。このうち、￥234,000は改良費である。

⑹　退職給付引当金の当期繰入額は、本部事務員について￥62,000、現場作業員について￥188,000である。ただし、現場作業員については、月次原価計算で月額￥15,000の退職給付引当金繰入額を予定計上しており、当期の予定計上額と実際発生額の差額を当期の工事原価（未成工事支出金）に加減する。

⑺　完成工事に係る仮設撤去費の未払金￥12,000を計上する。

⑻　完成工事高に対して0.1%の完成工事補償引当金を計上する。（差額補充法）

⑼　未成工事支出金の次期繰越額は￥825,000である。

⑽　販売費及び一般管理費の中には、本社の前払保険料￥7,000が含まれており、他方、営業経費の未払分￥25,000がある。

⑾　当期の法人税、住民税及び事業税として税引前当期純利益の30%を計上する。

第４回建設業経理士検定試験

２級　模擬試験問題

（実際の試験では以下の文言が記載されています。）

注　意　事　項

1．解答は、解答用紙に指定された解答欄内に記入してください。解答欄外に記入されているものは採点しません。

2．金額の記入にあたっては、以下のとおりとし、１ますごとに数字を記入してください。

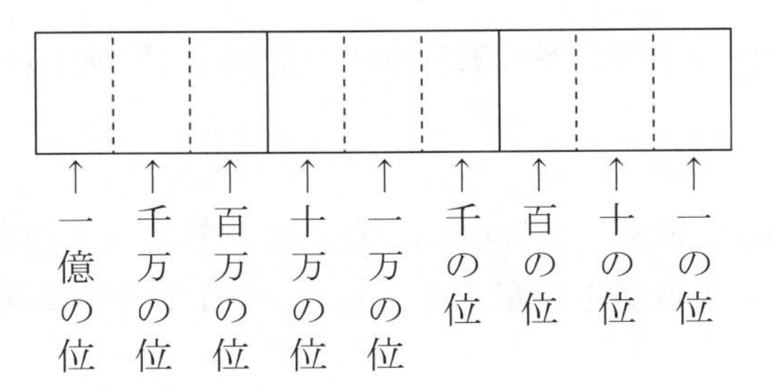

3．解答は、指定したワク内に明瞭に記入してください。判読し難い文字が記入されている場合、その解答欄については採点しません。

4．消費税については、設問で消費税に関する指示がある場合のみ、これを考慮した解答を作成してください。

5．解答用紙には、氏名・受験番号シール貼付欄が２ヵ所あります。２ヵ所とも、氏名はカタカナで記入し、受験番号は受験票に付いている受験番号シールを貼ってください。なお、受験番号シールがないときは、自筆で受験番号を記入してください。（氏名・受験番号が正しく表示されていないと、採点できない場合があります。）

〔第１問〕

次の各取引について仕訳を示しなさい。使用する勘定科目は下記の＜勘定科目群＞から選び、その記号（A～X）と勘定科目を書くこと。なお、解答は次に掲げた（例）に対する解答例にならって記入しなさい。

（20点）

（例）　現金 ￥100,000を当座預金に預け入れた。

(1)　社有地に建設中の駐車場舗装工事代金の一部として、福岡建設に￥540,000を小切手を振り出して支払った。

(2)　北海道工務店に対する工事未払金の支払いのため、小切手￥525,000を振り出した。ただし、当座預金残高は￥300,000である。なお、同社は取引銀行と借越限度額￥1,500,000の当座借越契約を締結している。

(3)　秋田工務店を￥12,000,000で買収し、代金は小切手を振り出して支払った。買収時における秋田工務店の資産・負債の状態は次のとおりであった。買収時点における仕訳を示しなさい。

材料￥1,500,000　　建物￥13,500,000　　借入金￥6,000,000

(4)　決算にあたり、仮払消費税期末残高￥6,225,000と仮受消費税期末残高￥8,145,000を相殺し、差額を未払消費税として計上する。

(5)　手持ちの投資有価証券（帳簿価額 ￥3,750,000）を担保としてＮＳ銀行から￥3,000,000を借り入れ、利息￥37,500を差し引かれた手取額を当座預金とした。なお、有価証券を担保に供したことについても仕訳すること。

＜勘定科目群＞

A　現金　　B　当座預金　　C　完成工事未収入金　　D　未成工事支出金

E　材料　　F　仮払消費税　　G　建設仮勘定　　H　建物

J　投資有価証券　　K　差入有価証券　　L　貸付金　　M　のれん

N　工事未払金　　Q　当座借越　　R　営業外支払手形　　S　仮受消費税

T　未払消費税　　U　借入金　　W　有価証券利息　　X　支払利息

〔第２問〕

次の [ ] に入る正しい金額を計算しなさい。（12点）

(1) 本店は、名古屋支店を独立会計単位として取り扱っており、本店における名古屋支店勘定は￥192,000の借方残である。名古屋支店で使用している乗用車に係る減価償却費￥24,000は本店で計算し、名古屋支店の負担とした。本店における名古屋支店勘定は￥ [ ] の借方残である。

(2) 宮崎建設株式会社は、消費税について税抜方式を採用している。期末時点における仮払消費税は￥ [ ] 、仮受消費税は￥210,000であるときに、未払消費税は￥28,000である。

(3) 岩手建設株式会社は、×１年４月１日に額面総額￥15,000,000（償還期限５年、利率年２％、利払日９月30日と３月31日の年２回）の社債を額面￥100につき￥98で発行し、全額の払込みを受けて当座預金とした。この社債を償却原価法（定額法）により処理していた場合、×３年４月１日に社債￥7,500,000を額面￥100につき￥99で買入消却したときに計上される社債償還損の金額は￥ [ ] である。

(4) 前期の期首において、５年分の地代￥12,000,000を前払いして土地を借りた。当期末における長期前払費用は￥ [ ] である。

第４回

〔第３問〕

宮城建設株式会社では、工事を第１部門と第２部門とで施工している。また、この他、両部門に共通して補助的なサービスを提供している車両部門、機械部門および材料管理部門があり、これらの補助部門は独立して各部門の原価管理を実施している。次の＜資料＞に基づいて、階梯式配賦法により補助部門費を施工部門に配賦し、解答用紙の「部門費振替表」を完成しなさい。なお、補助部門費に関する配賦は第１順位を材料管理部門、第２順位を機械部門、第３順位を車両部門とする。また、解答の記入において端数が生じた場合には、円未満を四捨五入すること。 (14点)

＜資料＞

(1) 「部門費配分表」に集計された各部門費の合計金額

第１部門	￥3,384,565	第２部門	￥2,616,887
車両部門	￥ 343,798	機械部門	￥ 491,976
材料管理部門	￥ 600,834		

(2) 各補助部門の他部門へのサービス提供度合

(単位：％)

	第１部門	第２部門	車両部門	機械部門	材料管理部門
車両部門	47	48	―	3	2
機械部門	42	44	4	―	10
材料管理部門	40	45	10	5	―

〔第４問〕

以下の設問に解答しなさい。 (24点)

問１ 次に示すような営業費は、下記の＜営業費の種類＞のいずれに属するものか、記号（A～C）で解答しなさい。

1. 経理部における事務用品費
2. 物流費
3. 市場調査費
4. 広告宣伝費

＜営業費の種類＞

A 注文履行費　　B 注文獲得費　　C 全般管理費

問２　次の＜資料＞により、解答用紙の工事別原価計算表を完成しなさい。また、工事間接費配賦差異の月末残高を計算しなさい。なお、その残高が借方の場合は「A」、貸方の場合は「B」を、解答用紙の所定の欄に記入しなさい。

＜資料＞

1．当月は、繰越工事であるX工事、Y工事及び当月に着工したZ工事を施工し、月末にはX工事とZ工事が完成した。

2．前月から繰り越した工事原価に関する各勘定の前月繰越高は、次のとおりである。

(1)　未成工事支出金

（単位：円）

	X工事	Y工事
材料費	972,500	1,252,500
労務費	332,500	410,000
外注費	1,355,000	1,557,500
経費	312,500	355,000

(2)　工事間接費配賦差異　￥23,750（借方残高）

（注）工事間接費配賦差異は月次においては繰り越すこととしている。

3．労務費に関するデータ

(1)　労務費計算は予定賃率を用いており、当会計期間の予定賃率は1時間あたり￥2,500である。

(2)　当月の直接作業時間

X工事　52時間　　Y工事　64時間　　Z工事　115時間

4．当月に発生した工事直接費

（単位：円）

	X工事	Y工事	Z工事
材料費	190,000	290,000	702,500
労務費	(各自計算)	(各自計算)	(各自計算)
外注費	317,500	570,000	1,145,000
直接経費	107,500	155,000	235,000

5．工事間接費の配賦方法と実際発生額

(1)　工事間接費については直接原価基準による予定配賦法を採用している。

(2)　当会計期間の直接原価の総発生見込額は￥51,500,000である。

(3)　当会計期間の工事間接費予算額は￥1,802,500である。

(4)　工事間接費の当月実際発生額は￥145,000である。

(5)　工事間接費はすべて経費である。

〔第５問〕

次の<決算整理事項等>に基づき、解答用紙の精算表を完成しなさい。なお、工事原価は未成工事支出金を経由して処理する方法によっている。会計期間は１年である。また、決算整理の過程で新たに生じる勘定科目で、精算表上に指定されている科目は、そこに記入すること。　(30点)

<決算整理事項等>

⑴　現金の期末実際有高は1,680千円であり、現金過不足の発生原因は不明である。

⑵　材料の期末棚卸を行ったところ棚卸減耗が2,055千円発生していた。その内訳は、以下のとおりである。

①　工事原価として処理すべきもの　　　465千円

②　営業外費用として処理すべきもの　1,590千円

⑶　当期首に資材調達先の栃木商会に対して現金225,000千円を貸し付け、その見返りに同社振出しの約束手形270,000千円（支払期日は振出日の４年後）を受け取った。決算にあたりこの約束手形を償却原価法により評価する。なお、利息計算は年割による。

⑷　工事現場用の駐車場として土地を賃借し、賃借料は１年分21,600千円を前払いしたうえ、全額工事原価として計上した。なお、決算日時点で２か月経過している。

⑸　減価償却は定額法によっている。なお、当期中に固定資産の増減取引は発生していない。

①　機械装置について耐用年数を８年、残存価額をゼロとして減価償却費を計上する。

なお、機械装置の減価償却費については、月次原価計算において、月額12,750千円を未成工事支出金に予定計上している。また、予定計上額と実際発生額との差額は当期の工事原価に加減する。

②　備品について耐用年数を４年、残存価額をゼロとして減価償却費を計上する。

なお、備品の減価償却費は全額、販売費及び一般管理費に計上する。

⑹　退職給付引当金の当期発生額は、管理部門40,500千円、施工部門202,500千円である。

⑺　取締役会決議に基づき下記の要領で新株を発行することとし、株式申込者からは申込期日までに申込証拠金が取扱銀行に振り込まれた。なお、払込期日が到来しているため申込証拠金を払込金に充当し、別段預金の残高を当座預金に振り替える。

<決議内容>

イ．株式発行数　　10株

ロ．払込金額　　　１株につき18,000千円（このうち、資本金に組み入れない額9,000千円）

ハ．申込証拠金　　払込金額と同額

⑻　売上債権の期末残高の１％について貸倒引当金を計上する。(差額補充法)

⑼　未成工事支出金の次期繰越高は418,500千円となった。

⑽　当期の法人税、住民税及び事業税として税引前当期純利益の30％を計上する。ただし、中間納付額32,250千円が仮払金に計上されている。

第５回建設業経理士検定試験

２級　模擬試験問題

（実際の試験では以下の文言が記載されています。）

注　意　事　項

1．解答は、解答用紙に指定された解答欄内に記入してください。解答欄外に記入されているものは採点しません。

2．金額の記入にあたっては、以下のとおりとし、１ますごとに数字を記入してください。

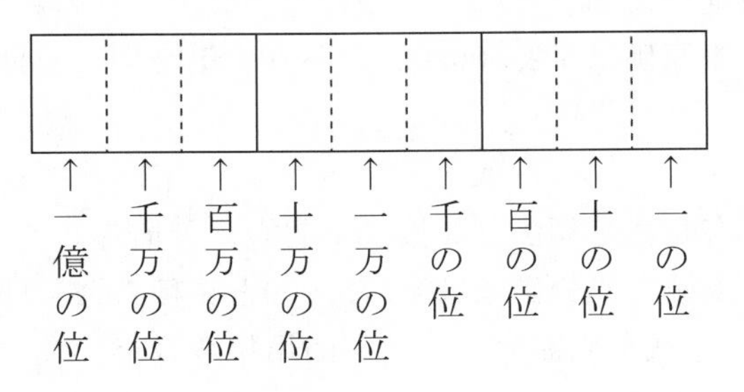

3．解答は、指定したワク内に明瞭に記入してください。判読し難い文字が記入されている場合、その解答欄については採点しません。

4．消費税については、設問で消費税に関する指示がある場合のみ、これを考慮した解答を作成してください。

5．解答用紙には、氏名・受験番号シール貼付欄が２ヵ所あります。２ヵ所とも、氏名はカタカナで記入し、受験番号は受験票に付いている受験番号シールを貼ってください。なお、受験番号シールがないときは、自筆で受験番号を記入してください。（氏名・受験番号が正しく表示されていないと、採点できない場合があります。）

〔第１問〕

次の各取引について仕訳を示しなさい。使用する勘定科目は下記の<勘定科目群>から選び、その記号（Ａ～Ｙ）と勘定科目を書くこと。なお、解答は次に掲げた（例）に対する解答例にならって記入しなさい。　(20点)

（例）　現金￥100,000を当座預金に預け入れた。

(1) 現金残高を照合した結果、￥3,600の過剰額があり、調査したところ、当該過剰額は完成工事未収入金￥507,350を現金で受け取った際、￥503,750と記帳していたことが判明した。

(2) 仮設材料の消費分の把握については、すくい出し方式を採用している。工事が完了して倉庫に戻された仮設材料の評価額は￥350,000であった。

(3) 次の工事の概要によって、第２期（当期）の完成工事高および完成工事原価の計上の仕訳を示しなさい。

工事期間３年の工事を前期に受注し、前期から工事進行基準を適用している。受注金額￥9,000,000で、これについて前受金の受入れはない。工事原価総額の見積額について前期受注時点では￥6,000,000であったが、当期末においては工事資材等の値上がりの影響を受け￥6,200,000となった。なお、第１期（前期）の工事原価は￥2,100,000であり、第２期（当期）の工事原価は￥3,170,000である。

(4) 前期まで下記の機械を保有し、定額法（間接法で記帳）で償却していたが、当期首（第７年目の期首）に除却した。除却した機械の処分価額は￥375,000と見積られ、「貯蔵品」勘定で処理する。

取得原価￥3,000,000　　残存価額ゼロ　　耐用年数８年

(5) 前期末において滞留債権（完成工事未収入金）￥1,500,000に対し50%の引当金を計上していた。この債権については、当期において￥150,000は回収し処理したが、残りについては当期末に貸倒れが確定した。当期末の仕訳を示しなさい。

<勘定科目群>

A	現金	B	当座預金	C	完成工事未収入金	D	未成工事支出金
E	建物	F	機械装置	G	貯蔵品	H	材料貯蔵品
J	未成工事受入金	K	貸倒引当金	L	工事未払金	M	減価償却累計額
N	完成工事高	Q	有価証券利息	R	固定資産売却益	S	受取配当金
T	完成工事原価	U	支払利息	W	固定資産除却損	X	貸倒損失
Y	固定資産売却損						

〔第２問〕

次の [　　] に入る正しい金額を計算しなさい。　(12点)

(1) 本店における北海道支店勘定は￥270,000の借方残高、秋田支店勘定は￥330,000の借方残高である。北海道支店が秋田支店の従業員の出張旅費￥37,500を現金で立替払いしたときに、支店間取引を本店集中計算制度で仕訳すれば、本店における秋田支店勘定の残高は￥ [　　] である。

(2) 決算整理前の仮払消費税は￥720,000、仮受消費税は￥1,275,000であったが、決算整理において事務所家賃の未払分（家賃￥450,000、消費税￥45,000）があった。当該整理事項を処理したときに、未払消費税は￥ [　　] である。なお、消費税については、税抜方式を採用している。

(3) 当社の当座預金勘定の決算整理前の残高は￥2,169,000であるが、銀行の当座預金残高は￥2,346,300であった。両者の差異分析をした結果、次の事実が判明した。

① 取立を依頼しておいた約束手形￥63,000が取立済となっていたが、その通知が当社に未達であった。

② 工事未払金の支払に小切手￥27,000を振り出したが、いまだ取り立てられていなかった。

③ 工事代金の入金￥76,500があったが、その通知が当社に未達であった。

④ 備品購入代金の決済のために振り出した小切手￥10,800が相手先に未渡しであった。

このとき、修正後の当座預金勘定の残高は￥ [　　] である

(4) 甲建設株式会社の賃金支払期間は前月21日から当月20日までであり、当月25日に支給される。当月の賃金支給総額は￥3,795,000であり、所得税￥345,000、社会保険料￥244,800を控除して、現金にて支給された。前月賃金未払高が￥1,294,500で、当月賃金未払高が￥1,084,500であったとすれば、当月の労務費は￥ [　　] である。

〔第３問〕

青森建設株式会社の現場技術者に対する従業員給料手当等の人件費（工事間接費）に関する次の<資料>に基づいて下記の設問に解答しなさい。（14点）

<資料>

⑴　当会計期間（Ｘ１年４月１日～Ｘ２年３月31日）の人件費予算額

①	従業員給料手当	￥46,800,000
②	法定福利費	￥ 5,592,000
③	福利厚生費	￥ 2,808,000

⑵　当会計期間の現場管理延べ予定作業時間　17,250時間

⑶　当月（Ｘ２年３月）の工事現場別実際作業時間

No.101工事	228時間
その他の工事	1,470時間

⑷　当月の人件費実際発生額　総額　￥ 5,475,000

問１　当会計期間の人件費予定配賦率を計算しなさい。なお、計算過程において端数が生じた場合は、円未満を四捨五入すること。

問２　当月のNo.101工事への配賦額を計算しなさい。

問３　当月の人件費に関する配賦差異を計算しなさい。なお、配賦差異については、借方差異の場合は「Ａ」、貸方差異の場合は「Ｂ」を解答用紙の所定の欄に記入しなさい。

〔第４問〕

以下の設問に解答しなさい。（24点）

問１　以下の文章の［　　］に入れるべき最も適当な用語を下記の<用語群>の中から選び、記号（Ａ～Ｇ）で解答しなさい。

部門共通費の配賦基準は、その性質によって、［　1　］配賦基準（動力使用量など）、［　2　］配賦基準（作業時間など）、［　3　］配賦基準（建物専有面積など）に分類することができる。また、その単一性によって、単一配賦基準、複合配賦基準に分類することができ、複合配賦基準の具体的な例としては、［　4　］などがある。

<用語群>

Ａ　費目一括	Ｂ　活動量	Ｃ　規模	Ｄ　サービス量
Ｅ　運搬回数	Ｆ　従業員数	Ｇ　重量×運搬回数	

問２　次の＜資料＞によって、解答用紙に示す当月の完成工事原価報告書を作成しなさい。さらに、未成工事支出金および現場共通費配賦差異の月末残高を計算しなさい。なお、配賦差異の残高については、借方残高「A」か貸方残高「B」かを解答用紙の所定の欄に記号で解答すること。

＜資料＞

1．当社では収益認識に工事完成基準を適用しており、当月に実施した工事の概要は次のとおりである。

201工事	前月からの継続の工事で当月中に完成・引渡した。
202工事	当月中に受注・着工し、当月末に完成・引渡した。
203工事	当月中に受注・着工したが、当月末において未完成である。

2．前月から繰り越した工事原価に関する各勘定残高は次のとおりである。

(1)　未成工事支出金　¥564,870

内訳:材料費 ¥200,280　　労務費 ¥56,835　　外注費 ¥206,970　　経費 ¥100,785

(2)　現場共通費配賦差異　¥5,288（借方残高）

3．当月の発生工事原価（現場共通費を除く）

a．材料の棚卸・受払の状況

日付	摘　要	数　量	単　価
1日	前月繰越	30kg	¥1,823
8日	仕入れ	205kg	¥2,025
12日	202工事に投入・消費	180kg	
18日	仕入れ	55kg	¥1,725
25日	203工事に投入・消費	75kg	

b．当月の発生工事費用　（単位：円）

工事番号	201工事	202工事	203工事
材　料　費	（先入先出法により各自計算のこと）		
労　務　費	35,520	50,325	188,820
外　注　費	95,445	284,100	320,505
直 接 経 費	20,130	13,275	57,330

4．現場共通費の配賦

(1)　現場共通費については予定配賦法を採用している。当月の配賦率は機械運転1時間当たり¥520である。

(2)　当月の工事別機械運転時間　（単位：時間）

工事番号	201工事	202工事	203工事	合計
運転時間	27	188	108	323

(3)　現場共通費の当月実際発生額　¥169,920

(4)　現場共通費配賦差異は月次では繰り越すこととしている。

(5)　現場共通費はすべて経費である。

〔第５問〕

次の＜決算整理事項等＞に基づき、解答用紙の精算表を完成しなさい。なお、工事原価は未成工事支出金を経由して処理する方法によっている。会計期間は１年である。また、決算整理の過程で新たに生じる勘定科目で、精算表上に指定されている科目は、そこに記入すること。 (30点)

＜決算整理事項等＞

⑴ 当座預金の期末残高証明書を入手したところ、残高は￥533,500であった。差額原因は、調査したところ以下のとおりであった。

① 会社が契約している本社役員の当期の保険料￥41,800が引き落とされていたが、未処理であった。

② 完成工事の工事代金￥264,000が期末に振り込まれていたが、発注者より連絡を受けていなかったため、未記帳であった。

⑵ 長期保有目的の株式の時価が著しく下落しており、￥225,500の評価損を計上する。

⑶ 貸倒引当金については、売上債権の期末残高の２％を計上する。（差額補充法）

⑷ 期末材料の棚卸減耗￥8,580が発生した。全額工事原価として処理する。

⑸ 仮払金は、本社従業員の出張旅費の仮払い￥19,800であった。当該仮払金は旅費交通費に振り替える。

⑹ 減価償却

① 工　　事　　用：機械装置の当期の減価償却費は￥117,150である。ただし、月次で￥10,000の減価償却費を予定計上しており、当期の予定計上額と実際発生額の差額を当期の工事原価（未成工事支出金）に加減する。

② 一般管理部門用：備品（定額法、耐用年数５年、残存価額ゼロ）

⑺ 退職給付引当金の当期繰入額は、本部事務員について￥74,800、現場作業員について￥167,200である。

⑻ 完成工事高に対して0.1％の工事補償引当金を計上する。（差額補充法）

⑼ 上記の各調整を行った後の未成工事支出金の次期繰越額は￥423,500である。

⑽ 当期の法人税、住民税及び事業税として、税引前当期純利益の30％を計上する。

第６回建設業経理士検定試験

２級　模擬試験問題

（実際の試験では以下の文言が記載されています。）

注　意　事　項

１．解答は、解答用紙に指定された解答欄内に記入してください。解答欄外に記入されているものは採点しません。

２．金額の記入にあたっては、以下のとおりとし、１ますごとに数字を記入してください。

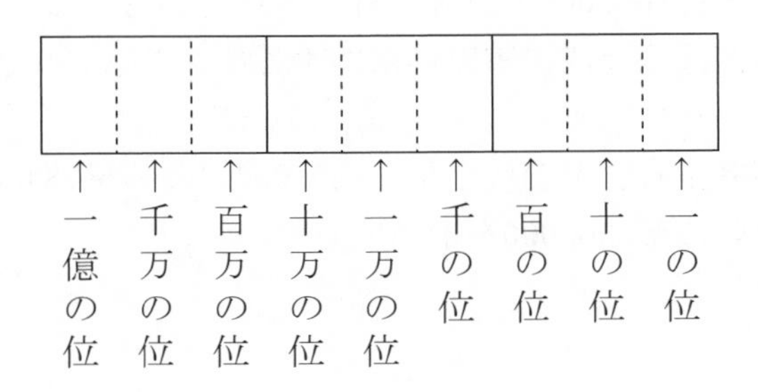

３．解答は、指定したワク内に明瞭に記入してください。判読し難い文字が記入されている場合、その解答欄については採点しません。

４．消費税については、設問で消費税に関する指示がある場合のみ、これを考慮した解答を作成してください。

５．解答用紙には、氏名・受験番号シール貼付欄が２ヵ所あります。２ヵ所とも、氏名はカタカナで記入し、受験番号は受験票に付いている受験番号シールを貼ってください。なお、受験番号シールがないときは、自筆で受験番号を記入してください。
（氏名・受験番号が正しく表示されていないと、採点できない場合があります。）

〔第１問〕

次の各取引について仕訳を示しなさい。使用する勘定科目は下記の<勘定科目群>から選び、その記号（A～X）と勘定科目を書くこと。なお、解答は次に掲げた（例）に対する解答例にならって記入しなさい。（20点）

（例）　現金￥100,000を当座預金に預け入れた。

⑴　建設重機械の補修を行い、その代金￥750,000を小切手を振り出して支払った。この支出額￥750,000のうち、￥450,000は改良費である。なお、修繕引当金の金額が￥225,000ある。

⑵　前期に貸倒損失として処理済の完成工事未収入金￥250,000が現金で回収された。

⑶　長期で保有していた非上場株式1,000株（１株当たり￥450で取得）について、当期末における１株当たり純資産は￥180だったので、評価替えをする。

⑷　前期において契約額￥21,000,000の工事（工期は３年）を受注したが、成果の確実性が見込まれるため前期から工事進行基準を適用している。当該工事の工事原価総額の見積額は￥16,800,000であり、前期は￥4,200,000、当期は￥8,400,000の原価が計上されている。なお、着手前の受入金は￥7,000,000であった。当期の完成工事高及び完成工事原価に関する仕訳を示しなさい。

⑸　外注先による設備工事が完了し、契約代金￥1,120,000のうち￥784,000を小切手を振り出して支払った。なお、工事契約締結時に￥336,000を前払いしていた。

<勘定科目群>

A	現金	B	当座預金	C	完成工事未収入金	D	未成工事支出金
E	前渡金	F	建物	G	機械装置	H	投資有価証券
J	未成工事受入金	K	工事未払金	L	貸倒引当金	M	完成工事補償引当金
N	修繕引当金	Q	完成工事高	R	償却債権取立益	S	完成工事原価
T	機械等経費	U	貸倒損失	W	投資有価証券売却損	X	投資有価証券評価損

〔第２問〕

次の [　　　] に入る正しい金額を計算しなさい。（12点）

(1) 本店における支店勘定は期首に￥6,500の借方残高である。期中に、本店から支店に材料￥1,460を発送し、支店から現金￥560が送られ、支店が負担すべき旅費￥1,040を立替払いしたとすれば、本店における支店勘定は期末に￥ [　　　] の借方残高となる。

(2) 大分建設株式会社は、所有していた中古のトラック（簿価￥2,100,000）と交換に他社の中古のトラックを取得し、交換差金￥280,000を現金で受け取った。このトラックについて、定額法（耐用年数５年、残存価額ゼロ）で償却すれば、年間の減価償却費は￥ [　　　] である。

(3) 甲工事（工期５年、請負金額￥21,600,000、見積総工事原価￥19,008,000）については、成果の確実性が認められないため、前期までは工事完成基準を適用していたが、当期に成果の確実性を事後的に獲得したため、当期より工事進行基準を適用することとした。甲工事の前期までの工事原価発生額は￥1,809,600、当期の工事原価発生額は￥6,744,000であった。なお、工事着手時に請負金額の30%を受領している。工事進捗度の算定について原価比例法によっている場合、当期末の完成工事未収入金の残高は￥ [　　　] である。

(4) 決算日に当座預金勘定の残高と銀行の当座預金残高の差異分析をしたところ、①現金￥98,000を預け入れたが、銀行側で未記入であった、②工事代金￥259,000の振込みがあったが、その通知が当社に届いていなかった、③小切手￥65,100を振り出したが、その受取人がまだ銀行に持ち込んでいないことがわかった。このとき、当座預金勘定の残高と銀行の当座預金残高との差額は￥ [　　　] である。

〔第３問〕

以下の設問に解答しなさい。（24点）

問１　次に示す費用あるいは損失は、原則的な処理に従うと、下記の<処理区分>のいずれに属するか。記号（Ａ～Ｃ）で解答しなさい。

1．工事現場で火災事故が発生しその復旧に係る支出
2．特定工事のための仮設資材センターの管理に係る支出
3．外注代金の支払いのための短期借入金に係る利子
4．支店設置のための登記関係諸費

<処理区分>

Ａ　工事原価として処理する。
Ｂ　原価計算制度上の原価であるが一般管理費として処理する。
Ｃ　非原価（原価外項目）として処理する。

問２　次の<資料>によって、当月の完成工事原価報告書を作成しなさい。また、工事間接費配賦差異の月末残高を計算しなさい。なお、その残高が借方の場合は「Ａ」、貸方の場合は「Ｂ」を解答用紙の所定の欄に記入すること。

<資料>

1．当月は、74～76の工事番号をもつ工事を実施し、月末までには74工事と76工事とが完成したが、75工事は月末現在未完成である。なお、収益の認識については工事完成基準を採用している。

2．前月から繰り越した工事原価に関する勘定残高は、次のとおりである。

⑴　未成工事支出金　（単位：円）

工事番号	74	75
材料費	182,900	56,720
労務費	118,080	22,740
外注費	129,640	48,780
経費	75,220	18,520
計	505,840	146,760

⑵　工事間接費配賦差異　￥7,012（貸方残高）

3．当月の発生工事原価（工事間接費を除く）　（単位：円）

工事番号	74	75	76	合計
材料費	70,440	190,040	494,680	755,160
労務費	52,540	80,780	269,980	403,300
外注費	83,000	144,720	200,960	428,680
直接経費	46,840	107,220	129,260	283,320

4．工事間接費の配賦

⑴　予定配賦率　機械運転１時間当たり　￥2,840

⑵　当月の工事別機械運転時間　（単位：時間）

工事番号	74	75	76	合　計
運 転 時 間	11	24	37	72

⑶　工事間接費の当月実際発生額　￥211,874

⑷　工事間接費は、すべて経費に属するものである。

⑸　工事間接費の配賦差異は、月次においてはすべて次月に繰り越すこととしている。

〔第４問〕

佐賀建設株式会社は、所有する２台の車両（A、B）を使用して各現場の管理を行っている。車両関係費合計額を各工事に配賦するために、車両走行距離を基準とした予定配賦法を採用している。下記の＜資料＞に基づき、次の設問に答えなさい。なお、計算過程で端数が生じた場合は、円未満を四捨五入すること。（14点）

問１　当会計期間の予定配賦率を計算しなさい。

問２　当月の甲工事に対する車両関係費予定配賦額を計算しなさい。

問３　当月の車両関係費に対する配賦差異を計算しなさい。なお、配賦差異については、有利差異「A」か不利差異「B」かを記号で解答すること。

＜資料＞

⑴　当会計期間の車両関係費予算

A：減価償却費　￥546,000

B：減価償却費　￥602,000

車両修繕管理費　￥189,560

車両保険料その他　￥ 80,500

⑵　当会計期間の車両走行距離（予定）　2,530km

⑶　当月の工事現場別車両利用実績

甲工事：85km　その他工事：148km

⑷　当月の車両関係費実際発生額　総額￥129,290

〔第５問〕

次の<決算整理事項等>に基づき、解答用紙の精算表を完成しなさい。なお、工事原価は未成工事支出金を経由して処理する方法によっている。会計期間は１年である。また、決算整理の過程で新たに生じる勘定科目で、精算表上に指定されている科目はそこに記入すること。（30点）

<決算整理事項等>

⑴　売上債権の期末残高に対して２％の貸倒引当金を計上する。（差額補充法）

⑵　売買目的で保有する有価証券￥30,400の期末時価は￥25,600である。

⑶　仮払金の期末残高は、以下の内容であることが判明した。
　①　￥2,880は本社建物の保険料の１年分であり、うち８か月分は前払いである。
　②　￥43,600は法人税等の中間納付額である。

⑷　仮設材料費の把握についてはすくい出し方式を採用しているが、工事が完了して倉庫に戻された仮設材料の評価額￥2,720について未処理である。

⑸　減価償却については、以下のとおりである。なお、当期中に固定資産の増減取引は発生していない。
　①　車両運搬具（工事現場用）　　実際発生額　￥15,680
　　なお、月次原価計算において、月額￥1,200を未成工事支出金に予定計上しており、当期の予定計上額と実際発生額との差額は当期の工事原価（未成工事支出金）に加減する。
　②　建物（本社）　以下の事項により減価償却費を計上する。
　　取得原価　￥780,000　　残存価額　取得原価の10%　　耐用年数　27年
　　減価償却方法　定額法

⑹　工事現場の駐車場代金￥2,000が未払いである。

⑺　退職給付引当金の当期繰入額は、管理部門について￥7,600と施工部門について￥11,840である。

⑻　完成工事高に対して0.2%の完成工事補償引当金を計上する。（差額補充法）

⑼　上記の各調整を行った後の未成工事支出金の次期繰越額は￥356,000である。

⑽　当期の法人税、住民税及び事業税として税引前当期純利益の30%を計上する。

第7回建設業経理士検定試験

2級　模擬試験問題

（実際の試験では以下の文言が記載されています。）

注　意　事　項

1．解答は、解答用紙に指定された解答欄内に記入してください。解答欄外に記入されているものは採点しません。

2．金額の記入にあたっては、以下のとおりとし、1ますごとに数字を記入してください。

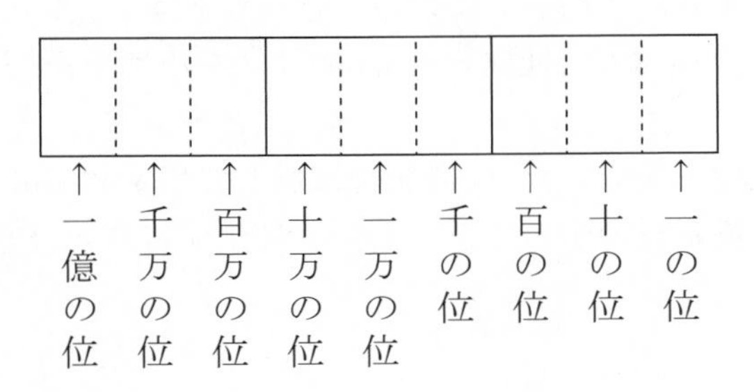

3．解答は、指定したワク内に明瞭に記入してください。判読し難い文字が記入されている場合、その解答欄については採点しません。

4．消費税については、設問で消費税に関する指示がある場合のみ、これを考慮した解答を作成してください。

5．解答用紙には、氏名・受験番号シール貼付欄が2ヵ所あります。2ヵ所とも、氏名はカタカナで記入し、受験番号は受験票に付いている受験番号シールを貼ってください。なお、受験番号シールがないときは、自筆で受験番号を記入してください。
（氏名・受験番号が正しく表示されていないと、採点できない場合があります。）

〔第１問〕

次の各取引について仕訳を示しなさい。使用する勘定科目は下記の<勘定科目群>から選び、その記号（Ａ～Ｘ）と勘定科目を書くこと。なお、解答は次に掲げた（例）に対する解答例にならって記入しなさい。

（20点）

（例）　現金￥100,000を当座預金に預け入れた。

⑴　本社建物が台風により著しく損傷したため修繕し、その代金￥60,000を約束手形を振り出して支払った。

⑵　新本社の建物（建築費総額￥6,200,000）が当期末に完成した。手付金￥1,800,000を差し引いた残額￥4,400,000を小切手を振り出して支払った。

⑶　受注時の契約金額が￥14,000,000で、見積総工事原価￥12,880,000の工事を施工している。当期の発生工事原価は￥4,480,000であり、￥2,100,000は小切手を振り出して支払い、残りの金額については約束手形を振り出して支払った。なお、工事の収益認識基準は工事完成基準を適用している。

⑷　Ａ社株式の15%を長期保有目的で所有しており、その簿価は￥2,100,000であった。当期においてＡ社を子会社化するため残りの85%のＡ社株式￥5,600,000を小切手を振り出して取得した。

⑸　期首に償還期限３年の社債を発行した。社債発行に係る費用￥420,000については小切手を振り出して支払ったが、同支出額は繰延経理することとした。社債発行時及び当期の決算における社債発行費に係る仕訳を示しなさい。

<勘定科目群>

Ａ	現金	Ｂ	当座預金	Ｃ	完成工事未収入金	Ｄ	未成工事支出金
Ｅ	受取手形	Ｆ	営業外受取手形	Ｇ	材料	Ｈ	建設仮勘定
Ｊ	建物	Ｋ	関係会社株式	Ｌ	投資有価証券	Ｍ	社債発行費
Ｎ	工事未払金	Ｑ	未成工事受入金	Ｒ	支払手形	Ｓ	営業外支払手形
Ｔ	完成工事高	Ｕ	完成工事原価	Ｗ	修繕維持費	Ｘ	社債発行費償却

〔第２問〕

次の［　　　］に入る正しい金額を計算しなさい。　（12点）

(1)　売買目的でＡ社株式2,800株を１株当たり￥250で購入し、売買手数料￥9,100とともに小切手で支払った。その後、当期中にＡ社株式1,400株を1株当たり￥300で売却し、売買手数料￥4,900を差し引かれ、残額が当座預金に振り込まれた。このとき、有価証券売却益は￥［　　　］となる。

(2)　期末実地棚卸前の材料元帳の残高は数量が400kgであり、１kg当たり単価￥2,100であった。実地棚卸の結果、棚卸減耗が30kgであり、１kg当たり単価￥1,890である場合、材料評価損は￥［　　　］である。

(3)　未払利息の期首残高は￥97,500、当期における利息の支払額は￥［　　　］、当期の損益計算書に記載された支払利息は￥487,500であれば、当期末の貸借対照表に記載される未払利息は￥181,200となる。

(4)　前期首に取得したフォークリフト（取得価額￥1,500,000、残存価額ゼロ、耐用年数５年）について200％定率法（償却率0.4）で減価償却を行っている。当期の減価償却費は￥［　　　］である。

〔第３問〕

次の＜資料＞に基づき、解答用紙に示す部門費振替表の空欄に適切な金額を記入しなさい。（14点）

＜資料＞

１．補助部門費の配賦基準と配賦データ

部門名称	配賦基準	Ａ工事	Ｂ工事
仮設部門	セット×使用日数	８×12日	18×８日
車両部門	運搬料	?	?
機械部門	馬力数×使用時間数	24×55時間	32×52.5時間

２．関連データ

当期補助部門費発生総額　　¥2,497,500

当期機械部門費　　¥1,026,300

３．Ａ工事及びＢ工事は当期に完成し、両工事の完成工事原価の合計額は¥11,705,250であった。

〔第４問〕

以下の設問に解答しなさい。（24点）

問１　次のような原価に関する計算は、（A）原価計算制度であるか、（B）特殊原価調査であるか、記号で解答しなさい。

１．ブルドーザー３台の取替えが工事原価に及ぼす影響の検討資料の作成

２．新工法の採用可否に関する経済計算

３．複数の工事現場を管理する現場事務所の費用の各工事への配賦

４．施工中の工事に関して期末に行う総工事原価の算定

問２　×３年12月の工事原価に関する次の<資料>に基づいて、解答用紙に示す月次の工事原価明細表を完成しなさい。なお、材料については購入時材料費処理法によっている。

<資料>

１．月初及び月末の各勘定残高　（単位：円）

	月　初	月　末
(1)　未成工事支出金		
材料費	352,800	329,000
労務費	231,000	198,800
外注費	753,200	814,800
経費	221,200	226,800
（経費のうち人件費）	(25,200)	(21,000)
(2)　工事未払金		
材料費	330,400	305,200
労務費	124,600	134,400
外注費	404,600	345,800
動力用水光熱費	10,500	11,200
従業員給料手当	22,400	21,000
法定福利費	840	700
(3)　前払費用		
保険料	11,200	17,500
地代家賃	23,800	25,200

２．当月材料費支払高	1,072,400
３．当月労務費支払高	1,211,000
４．当月外注費支払高	3,339,000
５．当月工事関係費用支払高	
(1)　動力用水光熱費	95,200
(2)　地代家賃	68,600
(3)　保険料	8,400
(4)　従業員給料手当	159,600
(5)　法定福利費	5,320
(6)　事務用品費	8,680
(7)　通信交通費	31,640
(8)　交際費	74,200

第7回

〔第５問〕

次の<決算整理事項等>に基づき、解答用紙の精算表を完成しなさい。なお、工事原価は未成工事支出金を経由して処理する方法によっている。会計期間は１年である。また、決算整理の過程で新たに生じる勘定科目で、精算表上に指定されている科目はそこに記入すること。 (30点)

<決算整理事項等>

(1) 現金の期末有高は¥524,000であり、現金過不足の発生原因は不明である。

(2) 仮設材料費の把握についてはすくい出し方式を採用しているが、現場から撤去されて倉庫に戻された評価額¥5,000の仮設材料について未処理である。

(3) 仮払金の期末残高は、以下の内容であることが判明した。
① 管理部門従業員の出張旅費（販売費及び一般管理費）の仮払いが¥12,000あり、精算の結果、実費との差額¥2,000を従業員が立て替えていた。
② 法人税等の中間納付額 ¥80,000

(4) 仮受金の期末残高は、以下の内容であることが判明した。
① 完成工事の未収代金回収分 ¥14,000
② 工事契約による前受金 ¥28,000

(5) 売上債権の期末残高に対して２％の貸倒引当金を計上する（差額補充法)。なお、当期末の売上債権のうち、貸倒れが懸念される債権¥48,000については、回収不能と見込まれる¥24,000を個別に貸倒引当金として計上する。

(6) 減価償却については、以下のとおりである。なお、当期中に固定資産の増減取引は発生していない。
① 機械装置（工事現場用） 実際発生額 ¥82,000
なお、月次原価計算において、月額¥6,000を未成工事支出金に予定計上しており、当期の予定計上額と実際発生額との差額は当期の工事原価（未成工事支出金）に加減する。
② 備品（本社用） 以下の事項により減価償却費を計上する。
取得原価 ¥190,000 残存価額 ゼロ 耐用年数 ５年 減価償却方法 定額法

(7) 退職給付引当金については、期末自己都合要支給額を計上している。前期末の自己都合要支給額は¥500,000（管理部門¥170,000 施工部門¥330,000）で、当期末は¥560,000（管理部門¥194,000 施工部門¥366,000）であった。なお、当期中に管理部門から退職者が発生しその退職金¥6,000の支払いは退職給付引当金で処理されている。

(8) 完成工事高に対して0.15%の完成工事補償引当金を計上する（差額補充法)。

(9) 上記の各調整を行った後の未成工事支出金の次期繰越額は¥822,400である。

(10) 当期の法人税、住民税及び事業税として税引前当期純利益の30%を計上する。

第８回建設業経理士検定試験

２級　模擬試験問題

（実際の試験では以下の文言が記載されています。）

注　意　事　項

1．解答は、解答用紙に指定された解答欄内に記入してください。解答欄外に記入されているものは採点しません。

2．金額の記入にあたっては、以下のとおりとし、１ますごとに数字を記入してください。

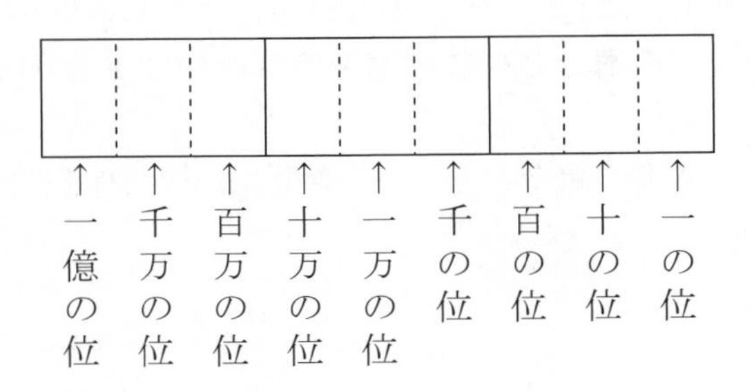

3．解答は、指定したワク内に明瞭に記入してください。判読し難い文字が記入されている場合、その解答欄については採点しません。

4．消費税については、設問で消費税に関する指示がある場合のみ、これを考慮した解答を作成してください。

5．解答用紙には、氏名・受験番号シール貼付欄が２ヵ所あります。２ヵ所とも、氏名はカタカナで記入し、受験番号は受験票に付いている受験番号シールを貼ってください。なお、受験番号シールがないときは、自筆で受験番号を記入してください。（氏名・受験番号が正しく表示されていないと、採点できない場合があります。）

〔第１問〕

次の各取引について仕訳を示しなさい。使用する勘定科目は下記の<勘定科目群>から選び、その記号（Ａ～Ｘ）と勘定科目を書くこと。なお、解答は次に掲げた（例）に対する解答例にならって記入しなさい。
（20点）

（例）　現金￥100,000を当座預金に預け入れた。

⑴　数年前に取引関係の強化を目的として、Ａ社株式4,200株を１株￥520で買入れた。その時の手数料は￥63,000であった。当期において、Ａ社株式1,400株を１株￥580で売却し、手数料￥16,240を差し引いた手取り額を当座預金に預け入れた。当期の売却取引の仕訳を示しなさい。

⑵　過年度に完成させた建物の補修を行った。補修に係る支出額￥1,064,000を約束手形で支払った。なお、前期決算において完成工事補償引当金￥1,120,000を計上している。

⑶　自家用の材料倉庫を自社の施工部門が建設中で、発生した原価￥8,120,000は受注した工事と同様の会計処理を行っていたが、決算にあたり正しく処理する。

⑷　繰越利益剰余金￥3,000,000を原資として、株主配当金￥2,400,000が決定された。なお、決定時点の資本金は￥18,000,000、資本準備金と利益準備金の合計額は￥4,380,000であった。

⑸　施工部門の従業員に対する当月の賃金として、所得税及び社会保険料の預り額￥136,500を控除した後、￥1,092,000を現金で支払った。

<勘定科目群>

A	現金	B	当座預金	C	未成工事支出金	D	完成工事未収入金
E	建設仮勘定	F	建物	G	投資有価証券	H	支払手形
J	工事未払金	K	未成工事受入金	L	預り金	M	完成工事補償引当金
N	修繕引当金	Q	未払配当金	R	資本金	S	利益準備金
T	繰越利益剰余金	U	労務費	W	投資有価証券売却益	X	投資有価証券売却損

〔第２問〕

次の [ ] に入る正しい金額を計算しなさい。　(12点)

(1)　×１年４月１日（期首）から、取得価額が￥2,800,000で、残存価額がゼロである耐用年数10年の機械装置を定額法で償却してきたが、×８年３月31日（期末）に￥980,000で売却処分した場合、その売却益は￥ [ ] である。

(2)　甲材料の期首残高は￥641,200であり、当期の取引は以下のとおりである。

仕入高￥5,425,000　　仕入割引￥49,000　　仕入値引￥119,000　　仕入割戻￥129,500

期末の実地棚卸高が￥540,400で、異常な原因による棚卸減耗損が￥128,800であれば、当期の工事原価となる甲材料の消費による材料費は￥ [ ] である。

(3)　前期に請負金額￥16,800,000の工事（工期は３年）を受注し、工事収益の認識については前期から工事進行基準を適用している。当該工事の工事原価総額の見積額は￥15,120,000であり、発生した工事原価は前期が￥2,721,600、当期が￥8,164,800である。なお、着手前の受入金は￥4,200,000であった。当工事における、当期末の完成工事未収入金残高は￥ [ ] である。

(4)　Ａ社を￥7,000,000で買収した。Ａ社の諸資産は￥10,150,000で、諸負債は￥3,850,000であった。この取引により発生したのれんについて、会計基準が定める最長期間で償却した場合の１年分の償却額は￥ [ ] である。

〔第３問〕

工事関連部門で発生した工事間接費を各工事に直接原価基準で予定配賦している。次の＜資料＞に基づいて、下記の設問に解答しなさい。 (14点)

＜資料＞

(1) 当会計期間の工事間接費予定配賦率は2.4%である。

(2) 当会計期間の直接原価の総発生見積額は次のとおりである。

材料費	労務費	外注費	直接経費
90,885,000	48,607,500	73,132,500	23,625,000

(3) 工事間接費配賦差異の前月末残高は¥12,300（借方残高）である。

(4) 当月の直接原価の発生額は次のとおりである。

（単位：円）

	材料費	労務費	外注費	直接経費
Ｘ工事	732,000	236,700	726,750	170,250
Ｙ工事	535,950	538,500	683,550	248,250
Ｚ工事	405,750	233,700	304,500	108,300
その他の工事	5,746,800	3,534,000	4,435,500	1,662,000
計	7,420,500	4,542,900	6,150,300	2,188,800

(5) 当月の工事間接費は¥454,260である。

問１ 当会計期間の工事間接費予算額を計算しなさい。

問２ 当月のＹ工事への工事間接費配賦額を計算しなさい。

問３ 当月の工事間接費配賦差異の月末残高を計算しなさい。なお、その残高が借方の場合は「Ａ」、貸方の場合は「Ｂ」を解答用紙の所定の欄に記入しなさい。

〔第４問〕

以下の設問に解答しなさい。（24点）

問１　原価計算基準で述べられている原価の本質に関する次の文章の[　　]の中に入れるべき最も適当な用語を下記の＜用語群＞の中から選び、その記号（ア〜コ）を解答用紙の所定の欄に記入しなさい。

⑴　原価は、[1]の消費である。
⑵　原価は、経営において作り出された[2]に転嫁される価値である。
⑶　原価は、[3]に関連したものである。
⑷　原価は、[4]なものである。

＜用語群＞

ア　生産目的　　イ　市場価値　　ウ　標準的　　エ　財務活動
オ　正常的　　カ　経済価値　　キ　経営目的　　ク　一定の給付
コ　経営活動

問２　次の＜資料＞に基づき、解答用紙の部門費振替表を完成しなさい。

＜資料＞

１．補助部門費の配賦方法

請負工事について、第１工事部、第２工事部及び第３工事部で施工している。また、共通して補助的なサービスを提供している機械部門、車両部門及び材料管理部門が独立して各々の原価管理を実施し、発生した補助部門費についてはサービス提供度合に基づいて、直接配賦法により施工部門に配賦している。

２．補助部門費を配賦する前の各部門の原価発生額は次のとおりである。

（単位：円）

第１工事部	第２工事部	第３工事部	機械部門	車両部門	材料管理部門
2,292,000	1,777,500	1,267,500	?	48,000	67,500

３．各補助部門の各工事部へのサービス提供度合は次のとおりである。

（単位：%）

	第１工事部	第２工事部	第３工事部	合計
機械部門	45	33	22	100
車両部門	50	38	12	100
材料管理部門	40	?	?	100

第8回

〔第５問〕

次の<決算整理事項等>に基づき、解答用紙の精算表を完成しなさい。なお、工事原価は未成工事支出金を経由して処理する方法によっている。会計期間は１年で、決算日は３月31日である。また、決算整理の過程で新たに生じる勘定科目で、精算表上に指定されている科目はそこに記入すること。　(30点)

<決算整理事項等>

⑴　残高試算表に計上されている有価証券￥146,700の内訳を調べたところ、売買目的の上場株式￥98,700（期末時価￥97,500)、子会社の株式￥48,000であった。

⑵　仮払金の期末残高は、以下の内容であることが判明した。
　①　￥6,300は、過年度の完成工事に関する瑕疵担保責任による補修のための支出である。
　②　￥70,500は、法人税等の中間納付額である。

⑶　減価償却については、以下のとおりである。なお、当期中に固定資産の増減取引は発生していない。
　①　機械装置（工事現場用）　実際発生額　￥129,000
　　なお、月次原価計算において、月額￥11,000を未成工事支出金に予定計上している。当期の予定計上額と実際発生額との差額は当期の工事原価（未成工事支出金）に加減する。
　②　備品（本社用）　以下の事項により減価償却費を計上する。
　　取得原価　￥75,000　償却率　0.400　減価償却方法　定率法

⑷　仮受金の期末残高￥78,000は、過年度において貸倒損失として処理した完成工事未収入金の現金回収額であることが判明した。

⑸　売上債権の期末残高の２％について貸倒引当金を計上する（差額補充法)。

⑹　退職給付引当金の当期繰入額は、本社事務職員について￥36,000、現場作業員について￥78,000である。

⑺　現場作業員の賃金の未払分￥7,500を工事原価に算入する。

⑻　完成工事高に対して0.2%の完成工事補償引当金を計上する（差額補充法)。

⑼　販売費及び一般管理費の中には、当期の12月１日に支払った向こう３年分の保険料￥54,000が含まれている。１年基準を考慮したうえで、適切な勘定に振り替える。

⑽　上記の各調整を行った後の未成工事支出金の次期繰越額は￥1,183,950である。

⑾　当期の法人税、住民税及び事業税として税引前当期純利益の30%を計上する。

解答・解説

〔第１問〕

No.	借方			貸方			
	記号	勘定科目	金額	記号	勘定科目	金額	
(例)	B	当座預金	100000	A	現金	100000	
(1)	C	別段預金	8600000	T	新株式申込証拠金	8600000	★
(2)	X	法人税、住民税及び事業税	533000	H	仮払法人税等	520000	★
				L	未払法人税等	13000	
(3)	M	仮受消費税	100000	D	完成工事未収入金	1100000	★
	U	貸倒損失	1000000				
(4)	G	機械装置	1800000	G	機械装置	1600000	★
				B	当座預金	200000	
(5)	F	材料	320000	K	工事未払金	352000	★
	J	仮払消費税	32000				

採点基準：★… 4 点× 5 ＝20点

〔解　説〕

⑴　申込証拠金として、払込金の全額を「別段預金」で処理し、貸方に「新株式申込証拠金」を計上します。

　　別段預金：@￥4, 300×2, 000株＝￥8, 600, 000

⑵　中間申告納付額は仮払法人税等勘定で処理します。不足分は支払義務が確定しているため、未払法人税等勘定で処理します。

　中間納付時：(借) 仮払法人税等　520, 000 (貸) 現金など　520, 000

　　未払法人税等：￥533, 000－￥520, 000＝￥13, 000

⑶　貸し倒れた完成工事未収入金￥1, 100, 000は、当期発生分です。当期発生した完成工事未収入金に対しては、貸倒引当金を設定していません。したがって、貸倒引当金を取り崩すことはできません。

　また、本問においては、消費税の会計処理が税抜方式であるので、完成工事高を計上したさいの仕訳は次のようになります。

　完成工事高計上時　：(借) 完成工事未収入金　1, 100, 000 (貸) 完成工事高　1, 000, 000

　　　　　　　　　　　　　　　　　　　　　　　　　　　　仮受消費税　100, 000

　したがって、完成工事未収入金￥1, 100, 000のうち、完成工事高として計上した￥1, 000, 000を貸倒損失として処理し、消費税分については、仮受消費税￥100, 000を取り消します。

　　貸倒損失：￥1, 100, 000÷1. 1＝￥1, 000, 000　　　仮受消費税：￥1, 000, 000×10%＝￥100, 000

⑷　自己所有の固定資産との交換により同じ用途の固定資産を取得し、交換差金を支払っているので、自己所有の固定資産の簿価に交換差金を加えた金額を取得原価とします。

　　機械装置（借方）：￥1, 600, 000（帳簿価額）＋￥200, 000（交換差金）＝￥1, 800, 000

⑸　割戻し後の購入代価に対して、消費税が掛かります。

　　材料：@￥650×500個－￥5, 000＝￥320, 000（割戻し後の購入代価）

　　仮払消費税：￥320, 000×10%＝￥32, 000　　　工事未払金：￥320, 000＋￥32, 000＝￥352, 000

〔第2問〕

(1)	¥ ★ 6500	(2)	¥ ★ 26000000
(3)	¥ ★ 20800	(4)	¥ ★ 26000

採点基準：★… 3 点× 4 ＝12点

〔解　説〕

⑴　内部利益の算定

本店から支店に対して、商品送付のさいに内部利益を加算している場合には、期末棚卸高（未達商品含む）に含まれる内部利益を控除します。

期末商品棚卸高（本店仕入分）¥57,200× $\frac{0.1}{1.1}$ ＋未達商品（本店仕入分）¥14,300× $\frac{0.1}{1.1}$ ＝**¥6,500**

⑵　当期の完成工事高の計算

成果の確実性を事後的に獲得した場合、成果の確実性が認められた時点より、工事進行基準を適用します。また、成果の確実性が認められなかった前期分については、過去に遡った修正は行わず、当期の収益に計上します。

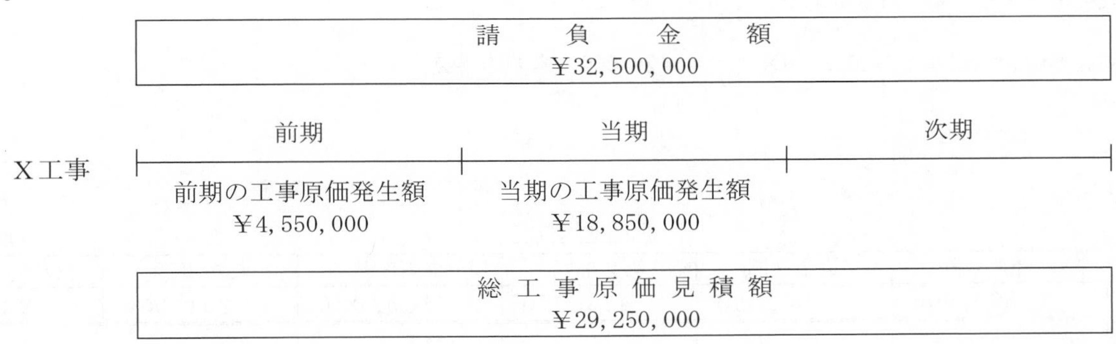

前期

完成工事高：¥0

当期

工事進捗度： $\frac{¥4,550,000＋¥18,850,000}{¥29,250,000}$ ＝0.8（80%）

完成工事高：¥32,500,000×80%－¥0＝**¥26,000,000**

⑶　社債償還損の算定

①　買入消却時の社債簿価

発行価額：¥1,300,000× $\frac{@¥98.5}{@¥100}$ ＝¥1,280,500

買入消却時の社債簿価：¥1,280,500＋（¥1,300,000－¥1,280,500）× $\frac{3年}{5年}$ ＝¥1,292,200

②　買入額

¥1,300,000× $\frac{@¥101}{@¥100}$ ＝¥1,313,000

③ 社債償還損

¥1, 292, 200－¥1, 313, 000＝△¥**20, 800**

(借) 社　　債　1, 292, 200　(貸) 現金など　1, 313, 000

社債償還損　20, 800

(4) 利益準備金積立額の算定

① 積立限度額の計算

$¥13,000,000 \times \frac{1}{4} - ¥2,600,000 = ¥650,000$

（¥13,000,000：資本金、¥2,600,000：準備金の合計）

② 配当金の $\frac{1}{10}$

$¥650,000 \times \frac{1}{10} = ¥65,000$

（¥650,000：配当総額）

③ ①＞②より、②¥65, 000が積立額となります。

これを配当財源別に計算します。

1．資本準備金積立額：$¥390,000 \times \frac{1}{10} = ¥39,000$

2．利益準備金積立額：$¥260,000 \times \frac{1}{10} =$ ¥**26, 000**（本問の答え）

〔第3問〕

部門費振替表

(単位：円)

摘要	合計	第1部門	第2部門	車両部門	機械部門	材料管理部門
部門費合計	1, 500, 000	590, 540	479, 370	135, 020	201, 030	94, 040
(第1次配賦)						
車両部門	135020	63459	58059	—	8101	5401
機械部門	201030	70361	76391	32165	—	22113
材料管理部門	94040	35735	44199	3762	10344	—
				☆ 35927	☆ 18445	☆ 27514
(第2次配賦)						
車両部門	35927	18762	17165			
機械部門	18445	8843	9602			
材料管理部門	27514	12300	15214			
合計	1500000	☆ 800000	☆ 700000			
配賦金額		☆ 209460	☆ 220630			

採点基準：☆… 2 点× 7 ＝14点

（解　説）

⑴　補助部門費の第１次配賦

第１次配賦では、補助部門費を自部門以外の、用役を提供しているすべての部門に配賦します。

①　車両部門費の配賦

第　１　部　門：¥135, 020×47%＝¥63, 459. 4 → **¥63, 459**
第　２　部　門：¥135, 020×43%＝¥58, 058. 6 → **¥58, 059**
機　械　部　門：¥135, 020× 6%＝¥ 8, 101. 2 → **¥ 8, 101**
材料管理部門：¥135, 020× 4%＝¥ 5, 400. 8 → **¥ 5, 401**

②　機械部門費の配賦

第　１　部　門：¥201, 030×35%＝¥70, 360. 5 → **¥70, 361**
第　２　部　門：¥201, 030×38%＝¥76, 391. 4 → **¥76, 391**
車　両　部　門：¥201, 030×16%＝¥32, 164. 8 → **¥32, 165**
材料管理部門：¥201, 030×11%＝¥22, 113. 3 → **¥22, 113**

③　材料管理部門費の配賦

第　１　部　門：¥94, 040×38%＝¥35, 735. 2 → **¥35, 735**
第　２　部　門：¥94, 040×47%＝¥44, 198. 8 → **¥44, 199**
車　両　部　門：¥94, 040× 4%＝¥ 3, 761. 6 → **¥ 3, 762**
機　械　部　門：¥94, 040×11%＝¥10, 344. 4 → **¥10, 344**

⑵　補助部門費の第２次配賦

第２次配賦では、第１次配賦後の補助部門費を、施工部門のみに配賦します（直接配賦法と同じになります）。

①　車両部門費の配賦

第　１　部　門：$¥35,927\times\frac{47\%}{47\%+43\%}$＝¥18, 761. 877… → **¥18, 762**

第　２　部　門：$¥35,927\times\frac{43\%}{47\%+43\%}$＝¥17, 165. 122… → **¥17, 165**

②　機械部門費の配賦

第　１　部　門：$¥18,445\times\frac{35\%}{35\%+38\%}$＝¥8, 843. 493… → **¥8, 843**

第　２　部　門：$¥18,445\times\frac{38\%}{35\%+38\%}$＝¥9, 601. 506… → **¥9, 602**

③　材料管理部門費の配賦

第　１　部　門：$¥27,514\times\frac{38\%}{38\%+47\%}$＝¥12, 300. 376… → **¥12, 300**

第　２　部　門：$¥27,514\times\frac{47\%}{38\%+47\%}$＝¥15, 213. 623… → **¥15, 214**

⑶　施工部門費の集計

合　　計

第１部門費：¥590, 540＋¥63, 459＋¥70, 361＋¥35, 735＋¥18, 762＋¥8, 843＋¥12, 300＝**¥800, 000**
第２部門費：¥479, 370＋¥58, 059＋¥76, 391＋¥44, 199＋¥17, 165＋¥9, 602＋¥15, 214＝**¥700, 000**

配賦金額

第１部門費：¥800, 000－¥590, 540＝**¥209, 460**
第２部門費：¥700, 000－¥479, 370＝**¥220, 630**

〔第４問〕

問１　記号（Ａ～Ｆ）

1	2	3	4
A	C	F	B
★	★	★	★

問２

完成工事原価報告書

（単位：円）

Ⅰ．材　料　費	☆	356500
Ⅱ．労　務　費	☆	438530
Ⅲ．外　注　費	☆	504720
Ⅳ．経　　　費	☆	187100
完成工事原価	★	1486850

工事間接費配賦差異月末残高　¥ 2100　　記号（ＡまたはＢ）B ★

＊　金額及び記号ともに正解で★

採点基準：☆… ３ 点× ４ ＝12点

★… ２ 点× ６ ＝12点

合計　24点

（解　説）

問１

1．建設業や造船業などは、原則として、受注した工事別に原価の計算をします。したがって、個別に原価計算を行うことから**個別原価計算**と関係深い内容といえます。

2．原価計算基準にいう「原価の本質」から、工事原価に販売費及び一般管理費を含めたものを『総原価』といいます。したがって、**総原価計算**と関係深い内容といえます。

3．個別工事について実行予算を設定することは、工事を行う前の段階で確実に採算化するための内部的な原価を決めることであり、実際原価などと比較し原価管理に役立たせるという意味を含んでいます。したがって、**事前原価計算**と関係深い内容といえます。

4．見込み量産をしている鉄筋工場の原価計算は、素材と加工する作業との区分が大切です。したがって、**総合原価計算**と関係深い内容といえます。

問2

1．完成工事原価報告書の作成

当月完成したのは、13工事と15工事です。この完成分について、下書用紙に工事原価計算表を作り、集計していきます。下書用紙に作るものなので特に決まりはありませんが、集計しやすいように各費目の中に月初の未成工事支出金を入れてあります。

工事原価計算表

（当月完成分）　　（単位：円）

		13工事	15工事	
	Ⅰ．材料費			
資料2→	未成工事支出金	62,300	－	合計：　¥　356,500
資料3→	当月発生工事原価	53,830	240,370	
	Ⅱ．労務費			
資料2→	未成工事支出金	36,200	－	合計：　¥　438,530
資料3→	当月発生工事原価	38,050	364,280	
	Ⅲ．外注費			
資料2→	未成工事支出金	51,400	－	合計：　¥　504,720
資料3→	当月発生工事原価	42,670	410,650	
	Ⅳ．経　費			
資料2→	未成工事支出金	13,400	－	
資料3→	当月発生工事原価	9,300	81,200	合計：　¥　187,100
資料4→	工事間接費配賦額	16,250＊1	66,950＊2	
				完成工事原価：　¥1,486,850

2．工事間接費配賦差異の月末残高の算定

前月繰越：¥6,300（貸方残高）←資料2(2)

当月予定配賦額：←資料4

＊1　13工事　@¥1,300×12.5時間＝　¥　16,250

　　　14工事　@¥1,300×　42時間＝　¥　54,600

＊2　15工事　@¥1,300×51.5時間＝　¥　66,950

　　　　　　　　　　　　　　　　　　¥137,800

当月配賦差異：¥137,800（予定配賦額）－¥142,000（実際発生額）←資料4(3)

　　　　　　＝△¥4,200（借方差異）

工事間接費配賦差異の月末残高：¥6,300－¥4,200＝¥2,100（貸方残高）⇒ B

〔第5問〕

精　算　表

(単位：円)

勘定科目	残高試算表		整理記入		損益計算書		貸借対照表	
	借方	貸方	借方	貸方	借方	貸方	借方	貸方
現金	327980						327980	
当座預金	455000		②236000	①72800			★618200	
受取手形	1326000			⑤26000			1300000	
完成工事未収入金	715000			②236000			★479000	
仮払金	45500			③13000 ⑬32500				
貸倒引当金		23400		⑪7390				30790
未成工事支出金	2925000		④41600 ⑧27300 ⑩5265	⑥12675 ⑫217490			2769000	
材料貯蔵品	192400			④41600			★150800	
機械装置	2145000						2145000	
機械装置減価償却累計額		759000	⑥12675					★746325
備品	1742000						1742000	
備品減価償却累計額		250250		⑦348400				★598650
支払手形		1269000						1269000
工事未払金		1095900						1095900
借入金		1222000						1222000
未成工事受入金		546000						546000
完成工事補償引当金		4550		⑩5265				★9815
退職給付引当金		1682200		⑧27300 ⑨105300				★1814800
資本金		2000000						2000000
完成工事高		9815000				9815000		
完成工事原価	6981000		⑫217490		★7198490			
販売費及び一般管理費	1775950		⑦348400 ⑨105300		★2229650			
支払利息	36470				36470			
	18667300	18667300						
前払賃借料			①72800				★72800	
不渡手形			⑤26000				★26000	
旅費交通費			③13000		★13000			
貸倒引当金繰入額			⑪7390		★7390			
未払法人税等				⑬66500				★66500
法人税、住民税及び事業税			⑬99000		99000			
			1212220	1212220	9584000	9815000	9630780	9399780
当期（純利益）					231000	★		231000
					9815000	9815000	9630780	9630780

＊　当期純利益はＰ／Ｌ・Ｂ／Ｓともに正解で ★

採点基準：★… 2 点×15＝30点

（解　説）

(1)　当座預金の未処理事項

引落し未処理（前払家賃の支払）

①（借）前払賃借料	72,800	（貸）当座預金	72,800

連絡未達（工事代金の回収）

②（借）当座預金	236,000	（貸）完成工事未収入金	236,000

(2)　仮払金の処理

出張旅費を旅費交通費として、当期の費用に計上します。

③（借）旅費交通費	13,000	（貸）仮払金	13,000

＊　法人税の中間納付額の処理は(10)で行います。

(3)　棚卸減耗の処理

④（借）未成工事支出金	41,600	（貸）材料貯蔵品	41,600

期末材料貯蔵品が棚卸減耗によって￥41,600減少しています。また、全額工事原価として処理するため、棚卸減耗分を未成工事支出金に計上します。

(4)　不渡手形の処理

⑤（借）不渡手形	26,000	（貸）受取手形	26,000

不渡手形はまだ回収される可能性が残っているので、資産として扱います。また、債権の一種なので貸倒引当金を見積もりますが、ここでは(8)貸倒引当金の計上時にて処理を行います。

(5)　減価償却費の計上

機械装置	予定額	￥　23,400×12か月＝	￥280,800
	実際発生額	￥2,145,000÷　8　年＝	￥268,125
	差引：超過額		￥　12,675

予定額￥280,800は月次決算で計上済みです。しかし、実際発生額は￥268,125なので、超過額の￥12,675を戻し入れます。また、備品の減価償却費を定額法にて計上します。

一般管理用の備品￥1,742,000÷５年＝￥348,400

⑥（借）機械装置減価償却累計額	12,675	（貸）未成工事支出金	12,675
⑦（借）販売費及び一般管理費	348,400	（貸）備品減価償却累計額	348,400

⑹　退職給付引当金の計上

施工部門	予　定　額	¥18,200×12か月＝	¥218,400
	確　定　額		¥245,700
	差引：不足額		△¥ 27,300

予定額¥218,400は月次決算で計上済みです。しかし、実際発生額は¥245,700なので、不足額の¥27,300を計上します。なお、一般管理部門に対する分は決算時に実際発生額を計上します。

⑧	（借）未成工事支出金	27,300	（貸）退職給付引当金	27,300
⑨	（借）販売費及び一般管理費	105,300	（貸）退職給付引当金	105,300

⑺　完成工事補償引当金の計上（差額補充法）

完成工事補償引当金：完成工事高　¥9,815,000×0.1%＝¥9,815

¥9,815－¥4,550＝¥5,265

⑩	（借）未成工事支出金	5,265	（貸）完成工事補償引当金	5,265

⑻　貸倒引当金の設定（差額補充法）

売上債権分：（¥1,326,000－¥26,000＋¥715,000－¥236,000）×１%＝¥17,790
（¥26,000：不渡手形　¥236,000：⑴より）

不渡手形分：¥26,000×50%＝¥13,000

（¥17,790＋¥13,000）－¥23,400＝¥7,390
（¥23,400：残高試算表）

当期の貸倒引当金設定額¥30,790に対し、貸倒引当金残高¥23,400なので、差額分¥7,390を繰り入れます。

⑪	（借）貸倒引当金繰入額	7,390	（貸）貸倒引当金	7,390

⑼　完成工事原価の算定

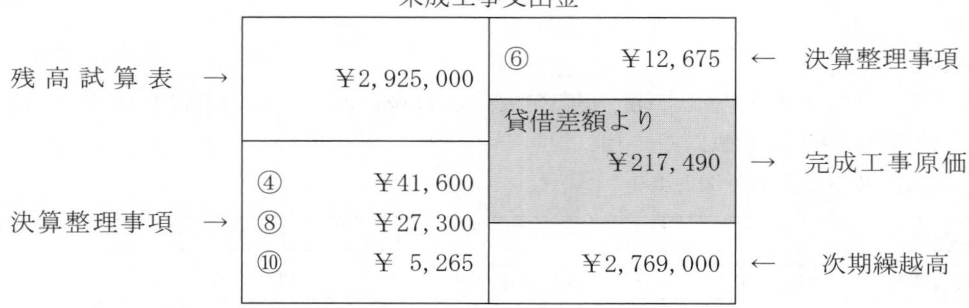

⑫	（借）完成工事原価	217,490	（貸）未成工事支出金	217,490

⑽　法人税、住民税及び事業税の計上（損益計算書欄より）

費用		収益	
	¥7,198,490		¥9,815,000
	¥2,229,650		
	¥　36,470		
	¥　13,000		
	¥　7,390		
		税引前当期純利益	¥330,000

法人税、住民税及び事業税：¥330,000×30%＝¥99,000

未払法人税等：¥99,000－¥32,500（中間納付額）＝¥66,500

⑬	（借）	法人税、住民税及び事業税	99,000	（貸）	仮払金	32,500
					未払法人税等	66,500

当期純利益：¥330,000－¥99,000＝¥231,000

〔第１問〕

No.	借方			貸方			
	記号	勘定科目	金額	記号	勘定科目	金額	
(例)	B	当座預金	100000	A	現金	100000	
(1)	S	有価証券利息	31200	E	未収利息	31200	★
	A	現金	46800	S	有価証券利息	46800	
(2)	Q	資本準備金	7000000	N	資本金	7000000	★
(3)	C	完成工事未収入金	6500000	R	完成工事高	6500000	★
	U	完成工事原価	5200000	D	未成工事支出金	5200000	
(4)	W	減価償却費	325000	G	建物	6500000	★
	M	建物減価償却累計額	1950000				
	A	現金	2860000				
	X	火災損失	1365000				
(5)	L	工事未払金	22000	B	当座預金	21800	★
				T	仕入割引	200	

採点基準：★… 4 点× 5 ＝20点

（解　説）

⑴　前期に行った未収計上の再振替仕訳を行い、満期日の到来した公社債利札は現金勘定で処理します。

前期末：(借) 未収利息　31,200　(貸) 有価証券利息　31,200

当期首：(借) 有価証券利息　31,200　(貸) 未収利息　31,200 ← 再振替仕訳

⑵　無償増資の処理となり、「資本準備金」から「資本金」に振り替えます。無償増資は、金銭の払込みを受けないため、資本金の金額は増加しますが、純資産の額は変化しません。

⑶　工事進行基準では、工事の進捗に応じて収益を計上します。本問は第２期であるため、さきに前期で計上されている完成工事高を計算してから、当期完成工事高を求めます。

前期完成工事高：$¥13,000,000 \times \dfrac{¥2,600,000}{¥10,400,000} = ¥3,250,000$

完成工事高累計額：$¥13,000,000 \times \dfrac{¥2,600,000 + ¥5,200,000}{¥10,400,000} = ¥9,750,000$

当期完成工事高：$¥9,750,000 - ¥3,250,000 = ¥6,500,000$

なお、当期に発生した工事原価は、未成工事支出金から完成工事原価に振り替えます。

⑷　固定資産が火災により焼失した場合、帳簿価額（取得原価－減価償却累計額－減価償却費）と受領した保険金との差額を火災損失として処理します。期中に焼失しているため、減価償却費の月割計算（６か月分）を忘れないようにしましょう。

減価償却費（当期分）：$¥6,500,000 \div 10年 \times \dfrac{6か月}{12か月} = ¥325,000$

⑸　工事未払金の支払時において仮払消費税は計上されません。早期決済にともなう割引料を仕入割引として貸方に計上し、差額を当座預金とします。

〔第２問〕

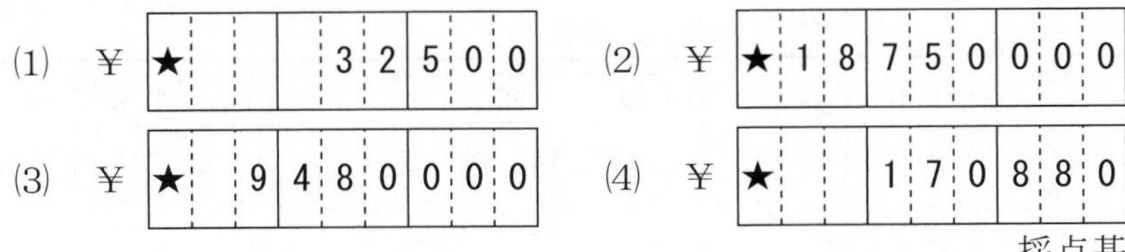

採点基準：★… ３ 点× ４ ＝12点

〔解　説〕

⑴　本店から支店に対して、材料を送付のさいに内部利益を加算している場合には、期末棚卸資産に含まれる内部利益を控除します。

未成工事支出金（本店仕入分）￥436,800×$\frac{0.05}{1.05}$＋材料（本店仕入分）￥245,700×$\frac{0.05}{1.05}$＝**￥32,500**

⑵　株式の発行（設立時）

会社法では、株式会社の設立にあたり、最低でも授権株式数の４分の１は発行しなければならないと規定されています。

発行株式数：1,000株×$\frac{1}{4}$＝250株

資本金の額：@￥75,000×250株＝**￥18,750,000**

⑶　約束手形の額面と貸付額との差額を、貸付期間（４年間）にわたって、定額法により償却（貸付金に加算）していきます。20X3年３月31日時点で２年経過しているため、２年分の償却額を貸付金に加算することになります。

償却額（総額）：￥9,600,000（約束手形の額面）－￥9,360,000（貸付額）＝￥240,000

貸付金の貸借対照表価額：￥9,360,000（貸付額）＋￥240,000×$\frac{2年}{4年}$（２年分の償却額）＝**￥9,480,000**

⑷　受取地代勘定の貸借差額により、当期における地代の収入額を計算します。

再振替仕訳（前受地代の期首残高￥27,000）

①（借）前受地代　27,000　（貸）受取地代　27,000

当期における地代の受取り

②（借）現金等　？　（貸）受取地代　？

地代の繰延べ（前受地代の期末残高￥44,280）

③（借）受取地代　44,280　（貸）前受地代　44,280

〔第３問〕

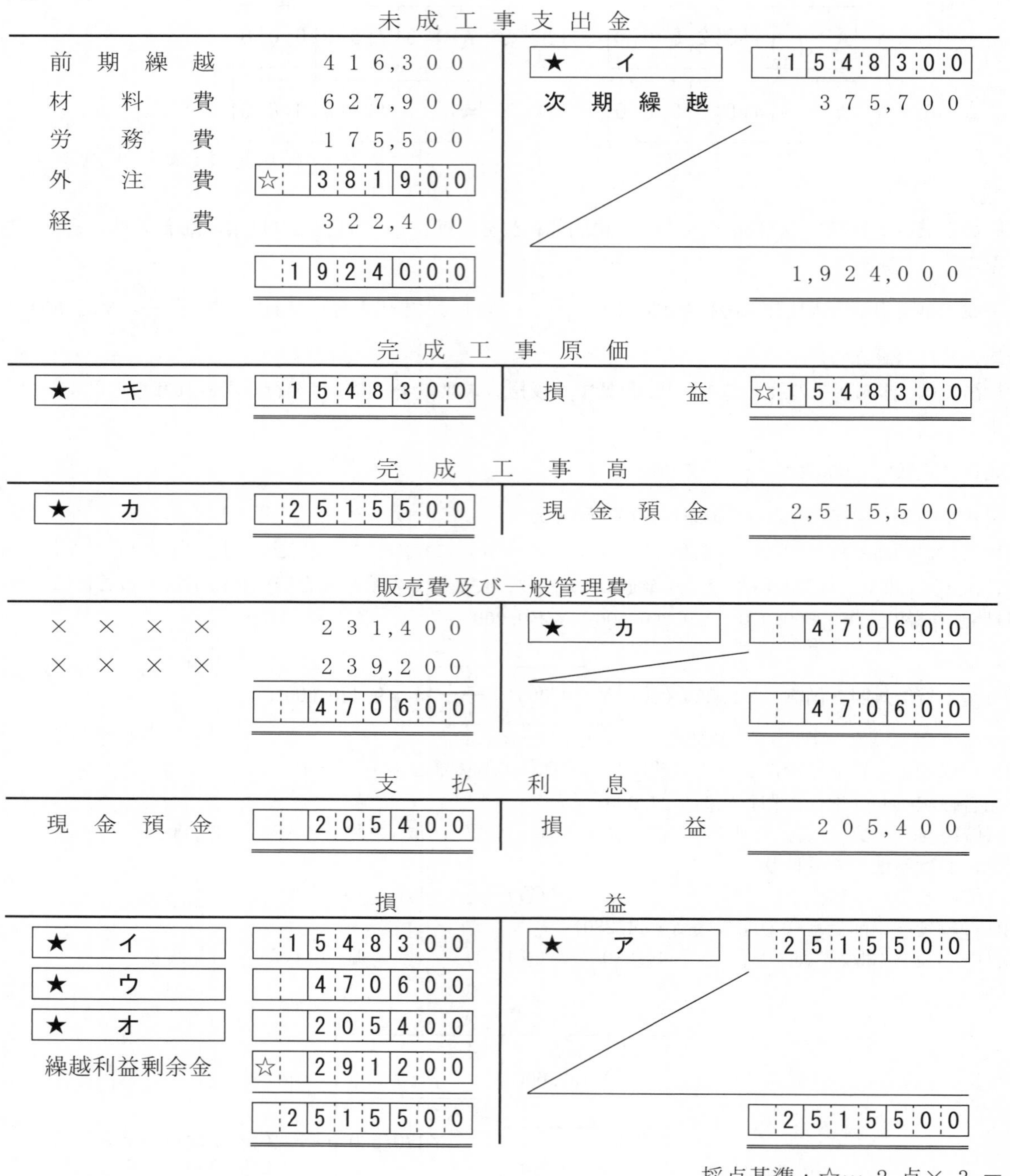

未成工事支出金

前期繰越	416,300	★ イ	1548300
材料費	627,900	次期繰越	375,700
労務費	175,500		
外注費	☆ 381900		
経費	322,400		
	1924000		1,924,000

完成工事原価

★ キ	1548300	損益	☆ 1548300

完成工事高

★ カ	2515500	現金預金	2,515,500

販売費及び一般管理費

××××	231,400	★ カ	470600
××××	239,200		
	470600		470600

支払利息

現金預金	205400	損益	205,400

損益

★ イ	1548300	★ ア	2515500
★ ウ	470600		
★ オ	205400		
繰越利益剰余金	☆ 291200		
	2515500		2515500

採点基準：☆… 2 点× 3 ＝ 6点

★… 1 点× 8 ＝ 8点

合計 14点

（解　説）

① 完成した工事の原価を、未成工事支出金勘定から完成工事原価勘定に振り替えます。

② 完成工事原価、販売費及び一般管理費、支払利息を損益勘定の借方に振り替えます。

③ 完成工事高を損益勘定の貸方に振り替えます。

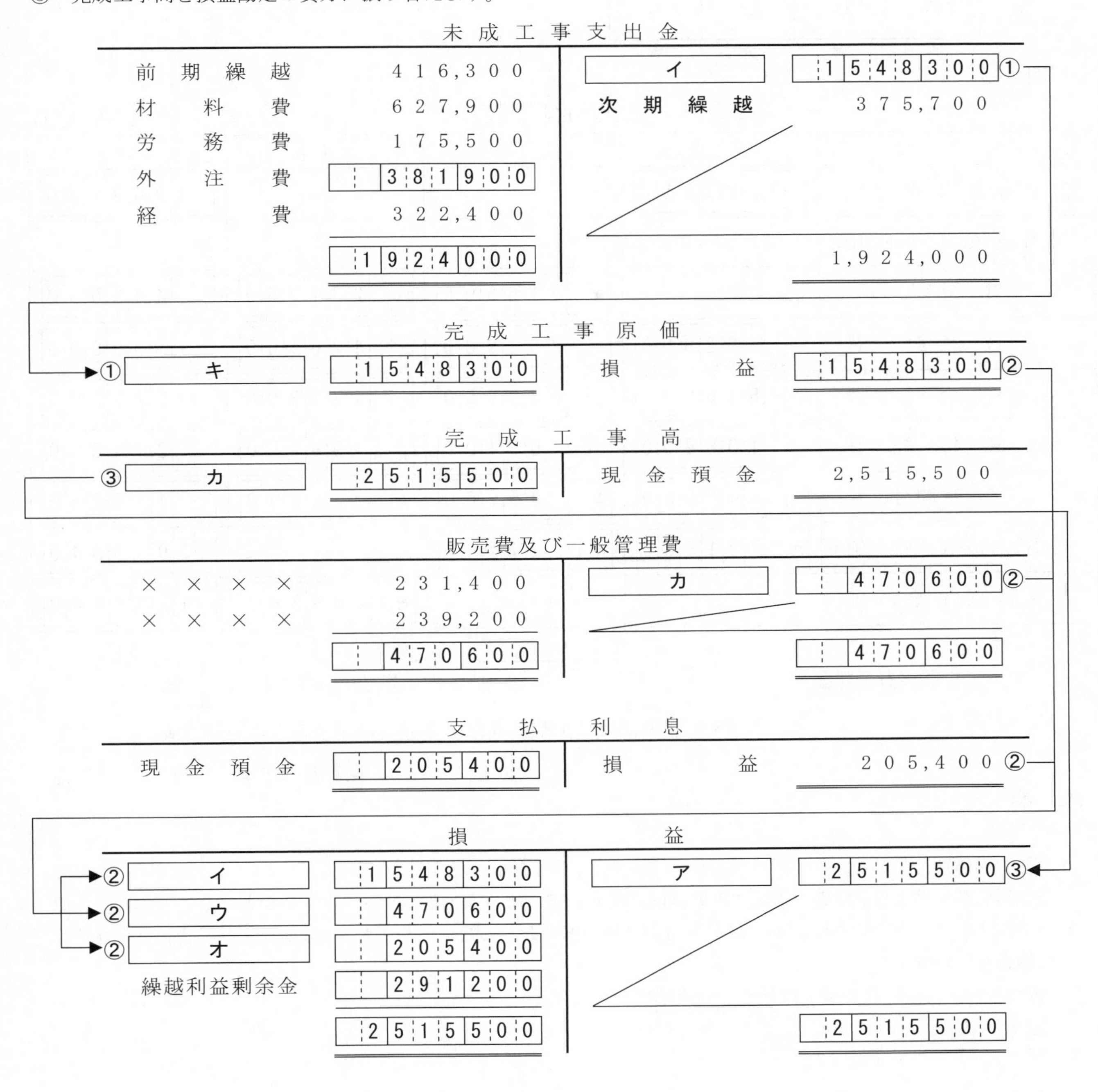

〔第４問〕

問１　記号（A～D）

1	2	3	4
C	B	D	A
★	★	★	★

問２

工事別原価計算表

（単位：円）

摘　　要	X工事	Y工事	Z工事	計
月初未成工事原価	126,950	—	—	126,950
当月発生工事原価				
材料費	—	★ 216,300	★ 231,750	448,050
労務費	492,900	267,900	428,100	1,188,900
外注費	819,200	638,700	471,300	1,929,200
直接経費	108,900	69,100	96,850	274,850
工事間接費	42,630	★ 35,760	★ 36,840	115,230
当月完成工事原価	★ 2,731,580	★ 1,227,760	—	3,959,340
月末未成工事原価	—	—	★ 1,264,840	1,264,840

工事間接費配賦差異　￥ 20,880　記号（AまたはB） B

＊　工事間接費配賦差異は、金額及び記号ともに正解で★

採点基準：★… ２ 点×12＝24点

（解　説）

問１

A．発生形態別分類

発生形態別分類とは、原価を構成する経済財の消費がどのような形態、特性で生じるかということによって原価を分類することをいいます。発生形態別分類は建設業においては、「材料費」、「労務費」、「経費」、「外注費」に分類されています。

したがって、「 4 」が最も関係の深い事柄になります。

B．作業機能別分類

作業機能別分類とは、原価が企業経営を遂行したうえで、どのような機能のために発生したかによる分類をいいます。つまり、同じ資材（材料費）でも鉄筋工事と共通仮設工事とで使う場合では、原価を分類することになります。建設業では、原価を工事種類別（機能別）に区分するという独特の分類をします。

したがって、「 **2** 」が最も関係の深い事柄になります。

C．計算対象との関連性分類

計算対象との関連性分類とは、最終的に生産物別に原価を計算する必要性から、その最終生産物の生成に関して、直接的に認識されるか否かにより直接費と間接費に分類することをいいます。建設業では、最終生産物は工事なので、工事別に工事直接費と工事間接費に分類されます。

したがって、「 **1** 」が最も関係の深い事柄になります。

D．操業度との関連性分類

操業度との関連性分類とは、操業度の増減に対する原価発生の動きによって、変動費と固定費に区分する分類をいいます。

変動費は、操業の増減に応じて比例的に動く原価をいいます。また、固定費は、操業度の増減にかかわらず変化しない原価をいいます。

したがって、「 **3** 」が最も関係の深い事柄になります。

問2

工事別原価計算表の作成問題です。工事間接費については直接原価基準による予定配賦法を採用しています。資料より、直接原価は材料費・労務費・外注費・直接経費が該当するため、その合計額に予定配賦率を乗じて予定配賦額を計算します。また、予定配賦しているため、配賦差異が生じます。

材料費の計算（総平均法）

払出単価：$\dfrac{@¥1,350×50kg＋@¥1,500×180kg＋@¥1,650×170kg}{50kg＋180kg＋170kg}$ ＝@¥1,545

材料費

Y工事：@¥1,545×140kg＝¥216,300

Z工事：@¥1,545×150kg＝¥231,750

X工事（前月からの繰越工事、月末に完成・引渡し）

月初未成工事原価：**¥1,267,950**（資料２．より）

当月発生工事原価

材　料　費：なし

労　務　費：**¥492,900**

外　注　費：**¥819,200**

直 接 経 費：**¥108,900**

工事間接費：（¥492,900＋¥819,200＋¥108,900）×３％＝**¥42,630**

当月完成工事原価：¥1,267,950＋¥492,900＋¥819,200＋¥108,900＋¥42,630＝**¥2,731,580**

Ｙ工事（当月から着工、月末に完成・引渡し）
月初未成工事原価：なし
当月発生工事原価
材　料　費：¥216,300
労　務　費：¥267,900
外　注　費：¥638,700
直接経費：¥ 69,100
工事間接費：（¥216,300＋¥267,900＋¥638,700＋¥69,100）×３％＝¥35,760
当月完成工事原価：¥216,300＋¥267,900＋¥638,700＋¥69,100＋¥35,760＝¥1,227,760

Ｚ工事（当月から着工、月末に未完成）
月初未成工事原価：なし
当月発生工事原価
材　料　費：¥231,750
労　務　費：¥428,100
外　注　費：¥471,300
直接経費：¥ 96,850
工事間接費：（¥231,750＋¥428,100＋¥471,300＋¥96,850）×３％＝¥36,840
月末未成工事原価：¥231,750＋¥428,100＋¥471,300＋¥96,850＋¥36,840＝¥1,264,840

工事間接費配賦差異
予定配賦額：¥42,630＋¥35,760＋¥36,840＝¥115,230
実際発生額：¥78,570
配賦差異：¥115,230－¥78,570＝¥36,660（貸方差異）

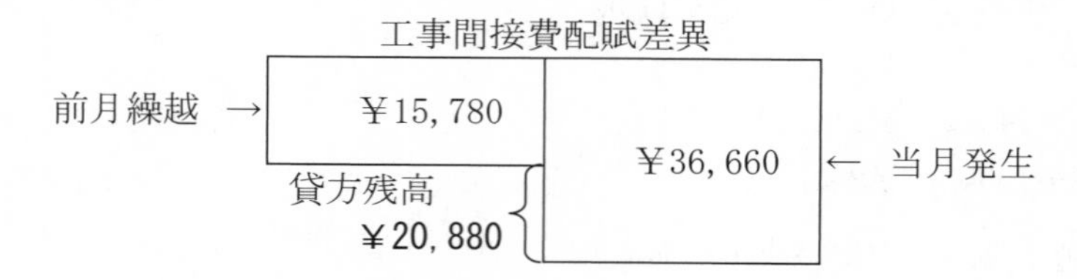

〔第5問〕

精　算　表

（単位：円）

勘定科目	残高試算表 借方	残高試算表 貸方	整理記入 借方	整理記入 貸方	損益計算書 借方	損益計算書 貸方	貸借対照表 借方	貸借対照表 貸方
現金	187460			①2600			184860	
当座預金	927450						927450	
受取手形	440700						440700	
完成工事未収入金	908300						908300	
仮払金	85150			③45500 ④4550 ⑤35100				
貸倒引当金		8710		⑬71500 ⑭3350				★83560
未成工事支出金	737230		⑧159900 ⑪211900 ⑫230	②260 ⑦2880 ⑮158550			★947570	
材料貯蔵品	772720		②260				★772980	
機械装置	1200000						1200000	
機械装置減価償却累計額		229580	⑦2880					★226700
車両運搬具	959400						959400	
車両運搬具減価償却累計額		106600		⑧159900				266500
備品	273000						273000	
備品減価償却累計額		84500		⑨68250				152750
支払手形		168000						168000
工事未払金		182000						182000
借入金		183300						183300
未成工事受入金		159900		⑥518700				★678600
仮受金		518700	⑥518700					
完成工事補償引当金		7280		⑫230				★7510
退職給付引当金		25740		⑩105300 ⑪211900				★342940
資本金		3900000						3900000
完成工事高		7510000			★	7510000		
完成工事原価	6361270		⑮158550		6519820			
販売費及び一般管理費	223700		④4550 ⑨68250 ⑩105300	⑯82000	★319800			
支払利息	7930				7930			
	13084310	13084310						
雑損失			①2600		★2600			
前払保険料			③45500				★45500	
前渡金			⑤35100				★35100	
貸倒引当金繰入額			⑬71500 ⑭3350		★74850			
未払法人税等				⑯93500				★93500
法人税、住民税及び事業税			⑯175500		175500			
			1564070	1564070	7100500	7510000	6694860	6285360
当期純利益					409500	――――★	――――	409500
					7510000	7510000	6694860	6694860

＊　当期純利益はＰ／Ｌ・Ｂ／Ｓともに正解で ★

採点基準：★… 2 点×15＝30点

（解　説）

⑴　現金過不足の処理

現金帳簿残高￥187,460－現金期末有高￥184,860＝￥2,600（不足）

①	（借）雑損失	2,600	（貸）現金	2,600

⑵　仮設材料の評価額の処理

すくい出し方式を採用しているため、仮設材料の支出額を全額、「未成工事支出金」に計上しています。仮設材料の評価額があるため、その分を「材料貯蔵品」に振り替えます。

②	（借）材料貯蔵品	260	（貸）未成工事支出金	260

⑶　仮払金の精算

③	（借）前払保険料	45,500	（貸）仮払金	45,500
④	（借）販売費及び一般管理費	4,550	（貸）仮払金	4,550
⑤	（借）前渡金	35,100	（貸）仮払金	35,100

⑷　仮受金の精算

⑥	（借）仮受金	518,700	（貸）未成工事受入金	518,700

⑸　減価償却の計上

機械装置	予定額	￥12,740×12か月＝	￥152,880
	実際発生額	￥1,200,000÷８年＝	￥150,000
	差引：超過額		￥　2,880

予定額￥152,880は月次決算で計上済みです。しかし、実際発生額は￥150,000なので、超過額の￥2,880を戻し入れます。

⑦	（借）機械装置減価償却累計額	2,880	（貸）未成工事支出金	2,880

車両運搬具減価償却費：￥959,400÷６年＝￥159,900

⑧	（借）未成工事支出金	159,900	（貸）車両運搬具減価償却累計額	159,900

備品減価償却費：￥273,000÷４年＝￥68,250

⑨	（借）販売費及び一般管理費	68,250	（貸）備品減価償却累計額	68,250

⑹　退職給付引当金の計上

一般管理部門

一般管理部門の当期繰入額は「販売費及び一般管理費」で処理します。

⑩	（借）販売費及び一般管理費	105,300	（貸）退職給付引当金	105,300

施工部門

施工部門の当期繰入額は工事原価に算入するので、「未成工事支出金」で処理します。

⑪	（借）未成工事支出金	211,900	（貸）退職給付引当金	211,900

⑺　完成工事補償引当金の計上（差額補充法）

完成工事補償引当金：完成工事高￥7,510,000×0.1％＝￥7,510

￥7,510－￥7,280＝￥230

⑫	（借）未成工事支出金	230	（貸）完成工事補償引当金	230

⑻　貸倒引当金の計上（差額補充法）

貸倒懸念債権の￥143,000については、回収不能と見込まれる金額を個別に計上します。

貸倒懸念債権に対する設定額：￥71,500

⑬	（借）貸倒引当金繰入額	71,500	（貸）貸倒引当金	71,500

貸倒懸念債権を除く一般債権：（￥440,700＋￥908,300－￥143,000（貸倒懸念債権））×１％＝￥12,060

貸倒引当金の残高：￥8,710

差額：￥12,060－￥8,710＝￥3,350

⑭	（借）貸倒引当金繰入額	3,350	（貸）貸倒引当金	3,350

⑼　完成工事原価の算定

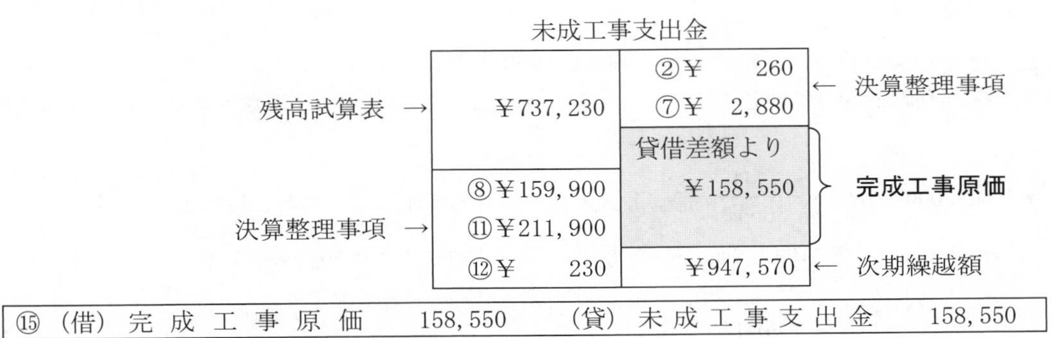

⑮	（借）完成工事原価	158,550	（貸）未成工事支出金	158,550

⑽　法人税、住民税及び事業税の計上（損益計算書欄より）

費用		収益	
	￥6,519,820		￥7,510,000
	￥319,800*		
	￥7,930		
	￥2,600		
	￥74,850		
		税引前当期純利益	￥585,000

＊　販売費及び一般管理費：￥223,700＋④￥4,550＋⑨￥68,250＋⑩￥105,300－￥82,000（中間納付額⑯参照）＝￥319,800

法人税、住民税及び事業税：￥585,000×30％＝￥175,500

未払法人税等：￥175,500－￥82,000（中間納付額⑯参照）＝￥93,500

⑯	（借）法人税、住民税及び事業税	175,500	（貸）販売費及び一般管理費	82,000
			未払法人税等	93,500

当期純利益：￥585,000－￥175,500＝￥409,500

〔第１問〕

No.	借方			貸方			
	記号	勘定科目	金額	記号	勘定科目	金額	
(例)	B	当座預金	100000	A	現金	100000	
⑴	A	現金	550000	M	未成工事受入金	550000	★
⑵	G	投資有価証券	7200000	B	当座預金	7245000	★
	T	有価証券利息	45000				
⑶	B	当座預金	1789200	K	手形借入金	1800000	★
	W	支払利息	10800				
⑷	N	資本金	2000000	Q	その他資本剰余金	2000000	★
⑸	H	減価償却累計額	1250000	F	機械装置	2000000	★
	E	未収入金	500000				
	X	機械装置売却損	250000				

採点基準：★… ４ 点× ５ ＝20点

〔解　説〕

⑴　工事の完成・引渡しまでに受け取った工事代金は、「未成工事受入金」で処理します。

⑵　買い入れた社債は、投資有価証券で処理します。また、買い入れにあたって支払う端数利息は、有価証券利息として処理します。

有価証券利息：$¥7,500,000 \times 3\% \times \frac{73日}{365日} = ¥45,000$　　（4月：30日、5月：31日、6月：12日　計73日間）

⑶　手形の振出しによる借入れは、「手形借入金」で処理します。支払期日までの60日分の利息については、日割計算します。

支払利息：$¥1,800,000 \times 3.65\% \times \frac{60日}{365日} = ¥10,800$

⑷　資本金を減資する目的としては、欠損填補（利益剰余金のマイナスの填補）などがあります。問題文に具体的な指示が無いため、「資本金」から「その他資本剰余金」に振り替えるのみとなります。勘定科目に指定が無ければ、「その他資本剰余金」は「資本金減少差益（減資差益）」とする場合もあります。

⑸　固定資産を期首に売却した場合は、帳簿価額（取得原価－減価償却累計額）と売却価額の差額を売却損益として計上します。

まず、減価償却累計額を計算し、帳簿価額を求めます。なお、売却時点で５年経過しているため、既に５年分償却されています。

減価償却累計額：$¥2,000,000 \times \frac{5年}{8年} = ¥1,250,000$

帳　簿　価　額：¥2,000,000－¥1,250,000＝¥750,000

帳簿価額よりも安く売ったため、機械装置売却損で処理します。

機械装置売却損：¥500,000－¥750,000＝△¥250,000

〔第２問〕

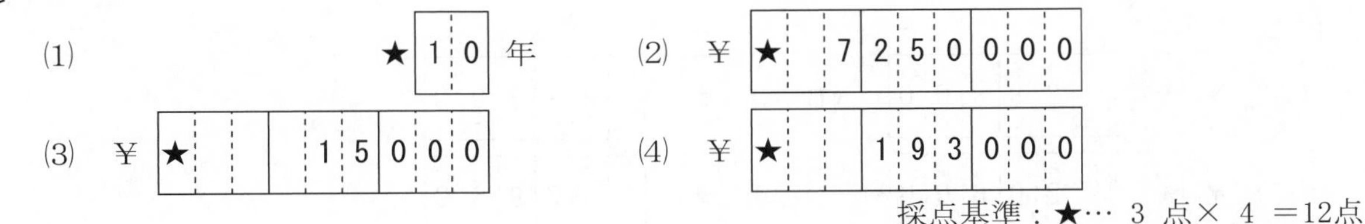

採点基準：★… ３ 点× ４ ＝12点

（解　説）

⑴　加重平均法で計算した平均耐用年数は、次の計算式によって求めます。

平均耐用年数＝要償却額合計÷年償却額合計

要償却額（残存価額ゼロの場合、取得原価が要償却額となる）

機械装置Ａ	¥1, 680, 000
機械装置Ｂ	¥6, 720, 000
合　計	¥8, 400, 000

年償却額（定額法）

機械装置Ａ	¥1, 680, 000÷６年＝¥280, 000
機械装置Ｂ	¥6, 720, 000÷12年＝¥560, 000
合　計	¥840, 000

平均耐用年数：¥8, 400, 000÷¥840, 000＝**10年**

⑵　当期における工事原価総額の見積額の変更は、当期の損益に反映させます。

前期の完成工事高：¥12, 500, 000×$\frac{¥1,350,000}{¥11,250,000}$＝¥1, 500, 000
工事進捗度12％

当期の完成工事高：¥12, 500, 000×$\frac{¥1,350,000＋¥6,700,000}{¥11,500,000}$＝¥8, 750, 000（当期までの累計額）
工事進捗度70％

¥8, 750, 000－¥1, 500, 000＝**¥7, 250, 000**
（¥1, 500, 000：前期の完成工事高）

⑶　資本準備金の積立額

①　積立限度額の計算：¥10, 000, 000×$\frac{1}{4}$－（¥1, 000, 000＋¥1, 475, 000）＝¥25, 000
（¥10, 000, 000：資本金　¥1, 000, 000＋¥1, 475, 000：準備金の合計額）

②　配当金の$\frac{1}{10}$：（¥300, 000＋¥200, 000）×$\frac{1}{10}$＝¥50, 000
（¥300, 000＋¥200, 000：配当総額）

③　①＜②より、①¥25, 000が準備金の積立額合計となります。これを配当財源別に按分します。

１．資本準備金積立額　¥25, 000×$\frac{¥300,000}{¥300,000＋¥200,000}$＝**¥15, 000**（本問の解答）

２．利益準備金積立額　¥25, 000×$\frac{¥200,000}{¥300,000＋¥200,000}$＝¥10, 000

⑷　材料の値引・割戻、割引

材料仕入高から値引・割戻額を控除した金額が、材料勘定の借方残高の金額となります。

＠¥200×1, 000個－（¥3, 000＋¥4, 000）＝**¥193, 000**

仕入割引は、財務収益（利息と同じ）と考えられるので、材料勘定から控除するのではなく、仕入割引勘定（収益）として処理します。

（借）工　事　未　払　金　　6, 000（貸）仕　入　割　引　　6, 000

第３回

〔第３問〕

問１

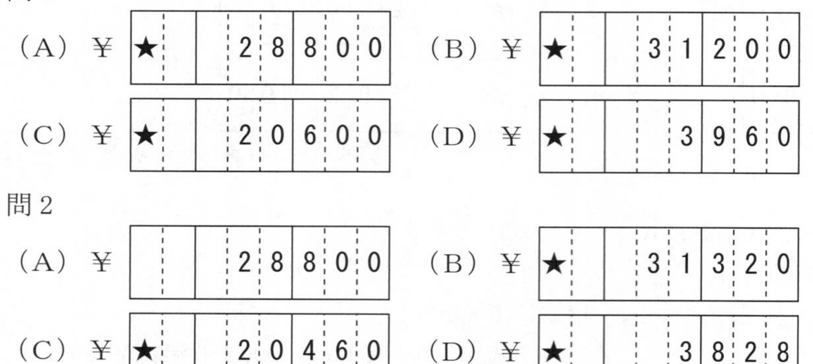

（A）￥ ★ 28800　（B）￥ ★ 31200

（C）￥ ★ 20600　（D）￥ ★ 3960

問２

（A）￥ 28800　（B）￥ ★ 31320

（C）￥ ★ 20460　（D）￥ ★ 3828

採点基準：★… ２ 点× ７ ＝14点

（解　説）

材料元帳を作成すると次のようになります。

問１　先入先出法

先入先出法とは、先に購入した材料から順次払い出したと仮定して、消費単価とする方法です。

材　料　元　帳

月	日	摘　　要	受入 数量	受入 単価	受入 金額	払出 数量	払出 単価	払出 金額	残高 数量	残高 単価	残高 金額
7	1	前月繰越	40	150	6,000				40	150	6,000
	13	仕　　入	160	180	① 28,800				40	150	6,000
									160	180	28,800
	15	払　　出				40	150	②　6,000			
						140	180	② 25,200	20	180	3,600
	19	仕　　入	140	170	23,800				20	180	3,600
									140	170	23,800
	26	払　　出				20	180	③　3,600			
						100	170	③ 17,000	40	170	6,800
	29	戻　　入				△ 22	180	④△3,960	22	180	3,960
									40	170	6,800

29日の戻入：15日に払い出した材料が戻入れられています。

15日に払い出した材料は単価が２種類ありますが、先に仕入れたもの（@￥150）から払い出すと考えるため、後に仕入れたもの（@￥180）から戻入れがあったと考えます。

①〈資料〉注より　￥27,200＋￥1,600＝（A）**￥28,800**

②￥6,000＋￥25,200＝（B）**￥31,200**

③￥3,600＋￥17,000＝（C）**￥20,600**

④△22kg×@￥180＝（D）**△￥3,960**

問2　移動平均法

移動平均法とは、材料の購入のつど平均単価を計算し、消費単価とする方法です。

材　料　元　帳

月	日	摘　要	受入 数量	受入 単価	受入 金額	払出 数量	払出 単価	払出 金額	残高 数量	残高 単価	残高 金額
7	1	前月繰越	40	150	6,000				40	150	6,000
	13	仕　入	160	180	⑤ 28,800				200	174	34,800
	15	払　出				180	174	⑥ 31,320	20	174	3,480
	19	仕　入	140	170	23,800				160	170.5	27,280
	26	払　出				120	170.5	⑦ 20,460	40	170.5	6,820
	29	戻　入				△ 22	174	⑧△3,828	62	171.74	10,648

29日の戻入：15日に払い出した材料が戻入れられたので、単価￥174で計算します。

⑤〈資料〉注より　￥27,200＋￥1,600＝（A）**￥28,800**

⑥（B）**￥31,320**

⑦（C）**￥20,460**

⑧（D）**△￥3,828**

（￥6,000＋￥28,800）÷200kg＝@￥174

（￥3,480＋￥23,800）÷160kg＝@￥170.5

（￥6,820＋￥3,828）÷62kg＝171.741…→@￥171.74

〔第4問〕

問1　記号（A～E）

1	2	3	4	5
E	D	C	A	B
★	★	★	★	★

問2

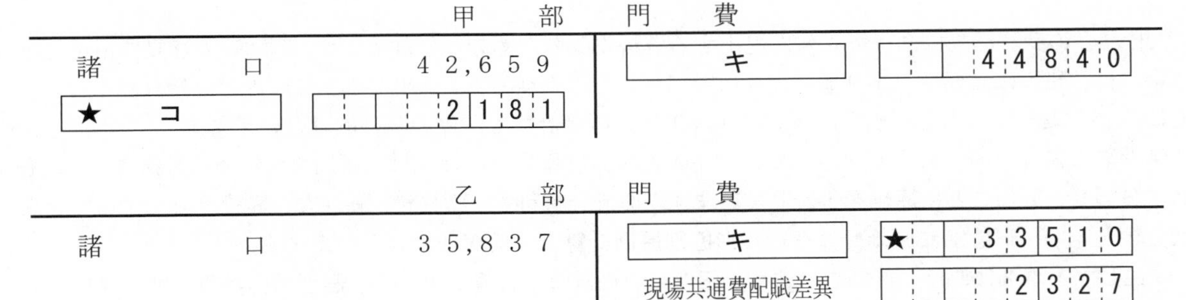

甲　部　門　費

諸　　口	42,659	キ	44,840
★ コ	2,181		

乙　部　門　費

諸　　口	35,837	キ	★ 33,510
		現場共通費配賦差異	2,327

現場共通費配賦差異

前　月　繰　越	686	オ	2,181
★ カ	2,327	次　月　繰　越	832

第3回

未成工事支出金

借方		貸方	
前月繰越	416,810	ク	★ 1,030,534
材料費	279,250	次月繰越	170,256
イ	179,500		
外注費	180,550		
直接経費	66,330		
★ オ	44,840		
乙部門費	33,510		

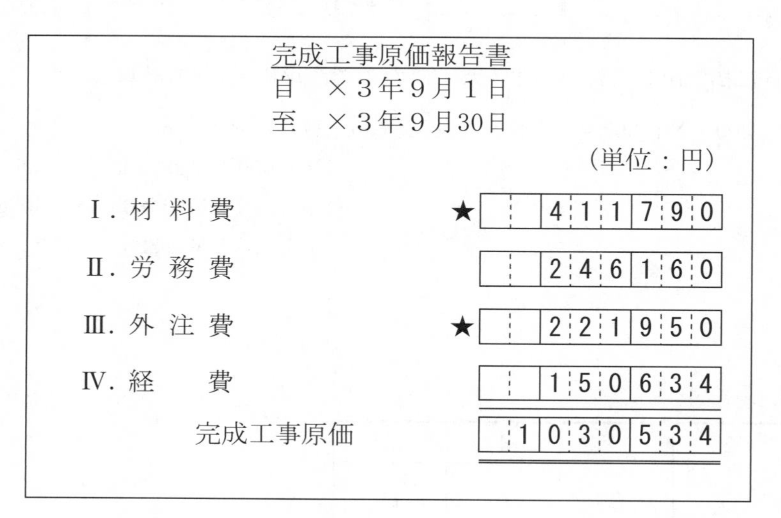

完成工事原価報告書
自　×3年9月1日
至　×3年9月30日
（単位：円）

Ⅰ. 材料費	★	411,790
Ⅱ. 労務費		246,160
Ⅲ. 外注費	★	221,950
Ⅳ. 経　費		150,634
完成工事原価		1,030,534

採点基準：★… 2 点×12＝24点

（解　説）

問1

1. 入札などの受注活動に向けて対外に提出する資料作成のための原価計算です。建物等の建設費用を見積もるさいには、建設に必要な工事種類ごと（仮設工事・土木工事・仕上工事など）に原価の見積計算を行い、最終的に原価を集計し、工事原価を計算します。**工種別原価計算**と関係の深い内容といえます。
2. 建設業法施行規則において示されている完成工事原価報告書の様式は、原価を材料費、労務費、外注費、経費に分類し、分類ごとに原価を集計しています。原価を材料費、労務費、外注費、経費と分類することを形態別分類といい、形態別に原価計算を行う**形態別原価計算**と関係深い内容といえます。
3. 受注した工事別に原価の計算をします。個別に原価計算を行うことから、**個別原価計算**と関係深い内容といえます。
4. 事前に標準（目標）原価を科学的統計的な分析調査により設定しておき、実際原価と比較することにより、製造過程におけるムダの有無を発見することができます。**標準原価計算**と関係深い内容といえます。
5. 同種の製品を大量に生産する場合には、一定期間（通常1か月）の原価を集計し、その期間の生産量で割ることで製品単価を計算する総合原価計算が適しています。**総合原価計算**と関係の深い内容といえます。

問２

本問は個別原価計算ですが、２つの部門（甲部門・乙部門）から現場共通費を配賦し差異を把握する必要があります。勘定の流れに注意して解きましょう。

1．甲部門費および乙部門費の予定配賦額・現場共通費配賦差異を求め、各勘定口座に記入します。

・甲部門費勘定　　資料４．⑴（予定配賦・直接作業時間法）

603工事：@￥472×19時間＝￥8,968

604工事：@￥472×51時間＝￥24,072

605工事：@￥472×25時間＝￥11,800

甲部門費の配賦額合計：￥8,968＋￥24,072＋￥11,800＝￥44,840（貸方：キ）

甲部門費配賦差異：￥44,840－諸口￥42,659＝￥2,181（借方：コ）

→現場共通費配賦差異勘定：貸方へ

・乙部門費勘定　　〈資料〉４．⑵（予定配賦・直接材料費法）

603工事：￥30,550×12%＝￥3,666

604工事：￥194,650×12%＝￥23,358

605工事：￥54,050×12%＝￥6,486

乙部門費の配賦額合計：￥3,666＋￥23,358＋￥6,486＝￥33,510（貸方：キ）

乙部門費配賦差異：諸口￥35,837－￥33,510＝￥2,327（貸方：現場共通費配賦差異）

→現場共通費配賦差異勘定：借方へ

・現場共通費配賦差異勘定

前月繰越（〈資料〉２．⑵より）：

甲部門（借方残高）￥2,476－乙部門（貸方残高）￥1,790＝￥686（借方：前月繰越へ）

次月繰越：￥686＋￥2,327（借方：カ）－￥2,181（貸方：オ）＝￥832（貸方：次月繰越へ）

2．未成工事支出金勘定に記入する前に、工事原価計算表を作成します。計算ミスをしないためにも作成するようにしましょう。

工事原価計算表　　（単位：円）

	603	604	605
月初未成工事原価			
材料費	186,590	—	—
労務費	104,570	—	—
外注費	87,040	—	—
経費	38,610	—	—
計	416,810	—	—
当月発生工事原価			
材料費	30,550	194,650	54,050
労務費	41,920	99,670	37,910
外注費	47,800	87,110	45,640
直接経費	14,680	37,280	14,370
甲部門費	8,968	24,072	11,800
乙部門費	3,666	23,358	6,486
計	147,584	466,140	170,256
合計	564,394	466,140	170,256

第３回

①　月初未成工事原価

〈資料〉２．⑴より603工事のみ月初残高があります。604工事・605工事は当月より着工のため、月初残高はありません。

②　当月発生工事原価

・材料費・労務費・外注費・直接経費…〈資料〉３．の金額を使用します。

・現場共通費…１．で求めた金額をそれぞれ使用します。

３．未成工事支出金勘定の空欄をうめます。

前月繰越：(603前月繰越額の合計より）¥416,810

材料費：¥30,550＋¥194,650＋¥54,050＝¥279,250

労務費（イ）：¥41,920＋¥99,670＋¥37,910＝¥179,500

外注費：¥47,800＋¥87,110＋¥45,640＝¥180,550

直接経費：¥14,680＋¥37,280＋¥14,370＝¥66,330

甲部門費（オ）：１．より　¥44,840

乙部門費：１．より　¥33,510

完成工事原価（ク）：２．より　（603合計）¥564,394＋（604合計）¥466,140＝¥1,030,534

次月繰越：２．より（605合計）¥170,256

４．完成工事原価報告書の作成

２．で作成した工事原価計算表にもとづいて、完成した工事（603工事・604工事）に関する原価を集計し、完成工事原価報告書に記入します。

材料費：¥186,590＋¥30,550＋¥194,650＝**¥411,790**

労務費：¥104,570＋¥41,920＋¥99,670＝**¥246,160**

外注費：¥87,040＋¥47,800＋¥87,110＝**¥221,950**

経費：¥38,610＋（¥14,680＋¥8,968＋¥3,666）＋（¥37,280＋¥24,072＋¥23,358）＝**¥150,634**

完成工事原価：¥411,790＋¥246,160＋¥221,950＋¥150,634＝**¥1,030,534**

または　未成工事支出金勘定・完成工事原価より　¥1,030,534

〔第 5 問〕

精　算　表

（単位：円）

勘定科目	残高試算表 借方	残高試算表 貸方	整理記入 借方	整理記入 貸方	損益計算書 借方	損益計算書 貸方	貸借対照表 借方	貸借対照表 貸方
現金預金	187400						187400	
受取手形	875000			① 20000			855000	
完成工事未収入金	835000						835000	
貸倒引当金		30000		② 20000 ③ 3800				★ 53800
未成工事支出金	850000		④ 9590 ⑤ 8000 ⑩ 8000 ⑪ 12000	⑫ 690 ⑬ 61900			825000	
材料貯蔵品	132000			④ 9590			★ 122410	
仮払金	300000			⑧ 300000				
建物	750000		⑧ 234000				★ 984000	
建物減価償却累計額		400000		⑥ 50000				450000
機械装置	688000						688000	
機械装置減価償却累計額		315000		⑤ 8000				★ 323000
備品	480000						480000	
備品減価償却累計額		192000		⑦ 96000				★ 288000
投資有価証券	250000						250000	
支払手形		370000						370000
工事未払金		560000		⑪ 12000				★ 572000
借入金		290000						290000
未成工事受入金		250000						250000
完成工事補償引当金		6700	⑫ 690					★ 6010
退職給付引当金		380000		⑨ 62000 ⑩ 8000				★ 450000
資本金		1000000						1000000
繰越利益剰余金		182000						182000
完成工事高		6010000				6010000		
受取利息配当金		1500				1500		
完成工事原価	3719800		⑬ 61900		★ 3781700			
販売費及び一般管理費	882000		② 20000 ③ 3800 ⑥ 50000 ⑦ 96000 ⑧ 66000 ⑨ 62000 ⑮ 25000	⑭ 7000	★ 1197800			
支払利息	38000				38000			
	9987200	9987200						
不渡手形			① 20000				★ 20000	
前払保険料			⑭ 7000				★ 7000	
未払金				⑮ 25000				★ 25000
未払法人税等				⑯ 298200				298200
法人税、住民税及び事業税			⑯ 298200		★ 298200			
			982180	982180	5315700	6011500	5253810	4558010
当期（純利益）					695800	―――― ★ ――――		695800
					6011500	6011500	5253810	5253810

＊　当期純利益はＰ／Ｌ・Ｂ／Ｓともに正解で ★

採点基準：★… 2 点×15＝30点

第3回

（解　説）

⑴　不渡手形の処理・貸倒引当金の設定

受取手形勘定から不渡手形勘定に振り替え、貸倒引当金を100％（全額）設定します。

①（借）	不　渡　手　形	20,000	（貸）	受　取　手　形	20,000

②（借）	販売費及び一般管理費	20,000	（貸）	貸　倒　引　当　金	20,000

⑵　貸倒引当金の設定（差額補充法）

設定額：（￥875,000－￥20,000＋￥835,000）×２％＝￥33,800
（￥20,000：不渡手形　￥835,000：完成工事未収入金）

繰入額：￥33,800－￥30,000＝￥3,800

③（借）	販売費及び一般管理費	3,800	（貸）	貸　倒　引　当　金	3,800

⑶　棚卸減耗の処理

期末材料貯蔵品が棚卸減耗によって￥9,590減少しています。また、全額工事原価として処理するため、棚卸減耗分を未成工事支出金に計上します。

④（借）	未成工事支出金	9,590	（貸）	材　料　貯　蔵　品	9,590

⑷　減価償却費の計上

１．工事用：機械装置　予　定　額　￥10,000×12か月＝　￥120,000
　　　　　　　　　　　実際発生額　　　　　　　　　　　￥128,000
　　　　　　　　　　　　　　　　　　　　　　　　　　　△￥　8,000

予定額￥120,000は月次決算で計上済みです。しかし、実際発生額は￥128,000なので、差額￥8,000を未成工事支出金の借方に計上し、実際発生額に修正します。

⑤（借）	未成工事支出金	8,000	（貸）	機械装置減価償却累計額	8,000

２．一般管理用：建物　￥750,000÷15年＝￥50,000

⑥（借）	販売費及び一般管理費	50,000	（貸）	建物減価償却累計額	50,000

３．一般管理用：備品　￥480,000÷５年＝￥96,000

⑦（借）	販売費及び一般管理費	96,000	（貸）	備品減価償却累計額	96,000

⑸　資本的支出と収益的支出

改良費￥234,000は、資本的支出となり、固定資産の取得原価に加算します。

⑧（借）	建　　　物	234,000	（貸）	仮　払　金	300,000
	販売費及び一般管理費	66,000			

⑹　退職給付引当金の計上

１．本部事務員：

一般管理部門に対する分は決算時に実際発生額を計上します。

⑨（借）	販売費及び一般管理費	62,000	（貸）	退職給付引当金	62,000

２．現場作業員：予　定　額　￥15,000×12か月＝　￥180,000
　　　　　　　　実際発生額　　　　　　　　　　　￥188,000
　　　　　　　　　　　　　　　　　　　　　　　　△￥　8,000

予定額¥180,000は月次決算で計上済みです。しかし、実際発生額は¥188,000なので、不足額の¥8,000を計上します。

⑩（借）未成工事支出金	8,000	（貸）退職給付引当金	8,000

退職給付引当金：¥380,000＋¥62,000＋¥8,000＝¥450,000

(7) 仮設撤去費の計上

仮設撤去費を決算において計上します。工事に関する未払いなので、工事未払金で処理します。

⑪（借）未成工事支出金	12,000	（貸）工事未払金	12,000

(8) 完成工事補償引当金の計上（差額補充法）

完成工事補償引当金：完成工事高　¥6,010,000×0.1%＝¥6,010

¥6,010－¥6,700＝△¥690（過剰）

⑫（借）完成工事補償引当金	690	（貸）未成工事支出金	690

(9) 完成工事原価の算定

未成工事支出金

	借方	貸方	
残高試算表 →	¥850,000	⑫ ¥690	← 決算整理事項
決算整理事項 →	④ ¥9,590 ⑤ ¥8,000 ⑩ ¥8,000 ⑪ ¥12,000	貸借差額より ¥61,900	→ 完成工事原価
		¥825,000	← 次期繰越高

⑬（借）完成工事原価	61,900	（貸）未成工事支出金	61,900

(10) 費用の見越し、繰延べ

保険料の前払い分を繰り延べます。

⑭（借）前払保険料	7,000	（貸）販売費及び一般管理費	7,000

営業経費の未払い分を計上します。

⑮（借）販売費及び一般管理費	25,000	（貸）未払金	25,000

(11) 法人税、住民税及び事業税の計上（損益計算書欄より）

	費用	収益	
完成工事原価 →	¥3,781,700	¥6,010,000	← 完成工事高
販売費及び一般管理費 →	¥1,197,800	¥1,500	← 受取利息配当金
支払利息 →	¥38,000		
税引前当期純利益 →	¥994,000		

法人税、住民税及び事業税：¥994,000×30%＝¥298,200

⑯（借）法人税、住民税及び事業税	298,200	（貸）未払法人税等	298,200

当期純利益：¥994,000－¥298,200＝¥695,800

第3回

〔第１問〕

No.	借方			貸方			
	記号	勘定科目	金額	記号	勘定科目	金額	
(例)	B	当座預金	100000	A	現金	100000	
⑴	G	建設仮勘定	540000	B	当座預金	540000	★
⑵	N	工事未払金	525000	B	当座預金	300000	★
				Q	当座借越	225000	
⑶	E	材料	1500000	U	借入金	6000000	★
	H	建物	13500000	B	当座預金	12000000	
	M	のれん	3000000				
⑷	S	仮受消費税	8145000	F	仮払消費税	6225000	★
				T	未払消費税	1920000	
⑸	B	当座預金	2962500	U	借入金	3000000	★
	X	支払利息	37500				
	K	差入有価証券	3750000	J	投資有価証券	3750000	

採点基準：★… 4 点× 5 ＝20点

〔解　説〕

⑴　自社で使用する建物などの契約代金の一部を支払ったときは、建設仮勘定で処理します。

⑵　当座預金残高を超える金額の小切手を振り出していますが、当座借越契約を締結しているため、振り出した小切手の金額のうち、当座預金残高を超えた分は「当座借越」として処理します。

当座借越：¥525,000－¥300,000＝¥225,000

⑶　買収した場合、振り出した小切手の額と受け入れた純資産（＝資産－負債）の額との差額を「のれん」として処理します。

純資産：¥1,500,000＋¥13,500,000－¥6,000,000＝¥9,000,000

のれん：¥12,000,000－¥9,000,000＝¥3,000,000

⑷　「仮払消費税＜仮受消費税」となる場合、その差額を「未払消費税」として処理します。

未払消費税：¥8,145,000－¥6,225,000＝¥1,920,000

⑸　借入れに対する利息となるので、「支払利息」で処理します。有価証券を担保に供した場合、帳簿価額で「差入有価証券」に振り替えます。

当座預金：¥3,000,000－¥37,500＝¥2,962,500

〔第２問〕

(1)　¥ ★216,000　(2)　¥ ★182,000

(3)　¥ ★15,000　(4)　¥ ★4,800,000

採点基準：★… 3 点× 4 ＝12点

（解　説）

⑴　本店で計算した減価償却費を名古屋支店に負担させます。

減価償却の仕訳	：	（借）減価償却費	24,000	（貸）車両運搬具減価償却累計額	24,000
本店の仕訳	：	（借）名古屋支店	24,000	（貸）車両運搬具減価償却累計額	24,000
名古屋支店の仕訳	：	（借）減価償却費	24,000	（貸）本店	24,000

名古屋支店

借方		貸方	
残高	¥192,000	借方残高	¥216,000
減価償却費	¥ 24,000		

よって、本店における名古屋支店勘定残高は**¥216,000**となります。

⑵　仮払消費税の算定

決算時に、仮払消費税と仮受消費税の金額を相殺し、未払（未収）消費税の額を計算します。本問では差額を未払消費税に振り替えているため、次の仕訳が行われます。

（借）仮受消費税	210,000	（貸）仮払消費税	？
		未払消費税	28,000

よって、貸借差額により、仮払消費税は**¥182,000**（＝¥210,000－¥28,000）となります。

⑶　社債償還損の算定

償却原価法（定額法）により処理している社債を買入消却した場合、買入消却時（発行から２年経過）の社債の帳簿価額と買入価額の差額を「社債償還損（益）」として処理します。

社債の払込金額：$¥15,000,000 \times \frac{@¥98}{@¥100} = ¥14,700,000$

発行差額：¥15,000,000－¥14,700,000＝¥300,000

買入消却時の社債の帳簿価額：$¥14,700,000 + ¥300,000 \times \frac{2年}{5年} = ¥14,820,000$

買入消却した社債の帳簿価額：$¥14,820,000 \times \frac{¥7,500,000}{¥15,000,000} = ¥7,410,000$

買入価額：$¥7,500,000 \times \frac{@¥99}{@¥100} = ¥7,425,000$

社債償還損益：¥7,410,000－¥7,425,000＝△**¥15,000**（償還損）

⑷　長期前払費用の算定

前払いした金額のうち、当期末（決算日）の翌日から１年を超えて費用化される分は「長期前払費用」として処理することになります。当期末までに２年経過しているため、残り３年分のうち、１年分が前払費用、２年分が長期前払費用となります。

長期前払費用：$¥12,000,000 \times \frac{2年}{5年} = $**¥4,800,000**

第４回

〔第3問〕

部門費振替表

（単位：円）

摘要	合計	第1部門	第2部門	車両部門	機械部門	材料管理部門
部門費合計	7,438,060	3,384,565	2,616,887	343,798	491,976	600,834
材料管理部門費	（600834）	☆240334	☆270375	60083	30042	
機械部門費	（522018）	☆243608	☆255209	23201	522018	
車両部門費	（427082）	☆211293	☆215789	427082		
合計	7,438,060	★4079800	★3358260			

採点基準：☆… 2 点× 6 ＝12点
★… 1 点× 2 ＝ 2点
合計 14点

（解　説）

⑴　補助部門費の配賦計算

階梯式配賦法による場合、補助部門に優先順位を付け、優先順位の高い部門から低い部門への配賦は行いますが、逆は行いません。優先順位は問題文に書いているので、補助部門費に関する配賦の順位に従って、配賦計算を行います。端数が生じた場合、円未満を四捨五入することに注意しましょう。

①　材料管理部門費の配賦

第1部門：$¥600,834 \times \dfrac{40\%}{40\%+45\%+10\%+5\%}$ ＝¥240,333.6 → **¥240,334**

第2部門：$¥600,834 \times \dfrac{45\%}{40\%+45\%+10\%+5\%}$ ＝¥270,375.3 → **¥270,375**

車両部門：$¥600,834 \times \dfrac{10\%}{40\%+45\%+10\%+5\%}$ ＝¥ 60,083.4 → **¥ 60,083**

機械部門：$¥600,834 \times \dfrac{5\%}{40\%+45\%+10\%+5\%}$ ＝¥ 30,041.7 → **¥ 30,042**

②　機械部門費の配賦

機械部門費の合計：¥491,976＋¥30,042＝¥522,018

第1部門：$¥522,018 \times \dfrac{42\%}{42\%+44\%+4\%}$ ＝¥243,608.4 → **¥243,608**

第2部門：$¥522,018 \times \dfrac{44\%}{42\%+44\%+4\%}$ ＝¥255,208.8 → **¥255,209**

車両部門：$¥522,018 \times \dfrac{4\%}{42\%+44\%+4\%}$ ＝¥ 23,200.8 → **¥ 23,201**

③　車両部門費の配賦

車両部門費の合計：¥343,798＋¥60,083＋¥23,201＝¥427,082

第１部門：$¥427,082 \times \dfrac{47\%}{47\%+48\%}$ ＝¥211,293.2 → **¥211,293**

第２部門：$¥427,082 \times \dfrac{48\%}{47\%+48\%}$ ＝¥215,788.8 → **¥215,789**

⑵　施工部門費の合計

第１部門：¥3,384,565＋¥240,334＋¥243,608＋¥211,293＝**¥4,079,800**

第２部門：¥2,616,887＋¥270,375＋¥255,209＋¥215,789＝**¥3,358,260**

〔第4問〕

問1　記号（A～C）

1	2	3	4
C	A	B	B
★	★	★	★

問2

工事別原価計算表

（単位：円）

摘　　要	X工事	Y工事	Z工事	計
月初未成工事原価	2972500	3575000	—	6547500
当月発生工事原価				
材　料　費	190000	290000	702500	1182500
労　務　費	★130000	★160000	287500	577500
外　注　費	317500	570000	1145000	2032500
直接経費	107500	155000	235000	497500
工事間接費	26075	★41125	★82950	150150
当月完成工事原価	★3743575	—	★2452950	6196525
月末未成工事原価	—	★4791125	—	4791125

工事間接費配賦差異月末残高　¥ 18600　　記号（AまたはB） A

＊　工事間接費配賦差異は、金額及び記号ともに正解で★

採点基準：★… 2 点×12＝24点

（解　説）

問1

1．経理部における事務用品費：C　全般管理費　企業全体の活動の維持、管理に関連して生じるコスト。

2．物流費：A　注文履行費　獲得した注文を履行するために実施される機能から生じるコスト。

3．市場調査費：B　注文獲得費　需要を喚起し、受注を促進するための機能から生じるコスト。

4．広告宣伝費：B　注文獲得費　需要を喚起し、受注を促進するための機能から生じるコスト。

問2

月初未成工事原価（材料費＋労務費＋外注費＋経費）

<資料>2．(1)の金額を工事別に集計します。

X工事：¥　972,500＋¥332,500＋¥1,355,000＋¥312,500＝¥2,972,500

Y工事：¥1,252,500＋¥410,000＋¥1,557,500＋¥355,000＝¥3,575,000

計　¥6,547,500

当月発生工事原価（材料費＋労務費＋外注費＋直接経費＋工事間接費）

労務費・工事間接費以外については、＜資料＞4．の金額を工事別に記入するだけです。

労務費については、＜資料＞3．(1)～(2)のデータを用いて計算します。

労務費

Ｘ工事：@￥2,500× 52時間＝**￥130,000**

Ｙ工事：@￥2,500× 64時間＝**￥160,000**

Ｚ工事：@￥2,500×115時間＝**￥287,500**

計 **￥577,500**

工事間接費については、＜資料＞5．(1)～(3)のデータを用いて計算します。

予定配賦率：$\dfrac{\text{￥1,802,500（工事間接費予算額）}}{\text{￥51,500,000（直接原価の総発生見込額）}}$ ＝@0.035

当月の直接原価（材料費＋労務費＋外注費＋直接経費）

Ｘ工事：￥190,000＋￥130,000＋￥ 317,500＋￥107,500＝￥ 745,000

Ｙ工事：￥290,000＋￥160,000＋￥ 570,000＋￥155,000＝￥1,175,000

Ｚ工事：￥702,500＋￥287,500＋￥1,145,000＋￥235,000＝￥2,370,000

当月の予定配賦額（工事間接費）

Ｘ工事：@0.035×￥ 745,000＝**￥ 26,075**

Ｙ工事：@0.035×￥1,175,000＝**￥ 41,125**

Ｚ工事：@0.035×￥2,370,000＝**￥ 82,950**

計 **￥150,150**

当月完成工事原価（月初未成工事原価＋当月の直接原価＋工事間接費）

Ｘ工事：￥2,972,500＋￥ 745,000＋￥26,075＝**￥3,743,575**

Ｚ工事：￥ 0＋￥2,370,000＋￥82,950＝**￥2,452,950**

計 **￥6,196,525**

月末未成工事原価（月初未成工事原価＋当月の直接原価＋工事間接費）

Ｙ工事：￥3,575,000＋￥1,175,000＋￥41,125＝**￥4,791,125**

工事間接費配賦差異：￥150,150（予定配賦額）－￥145,000（実際発生額）＝￥5,150（貸方差異）

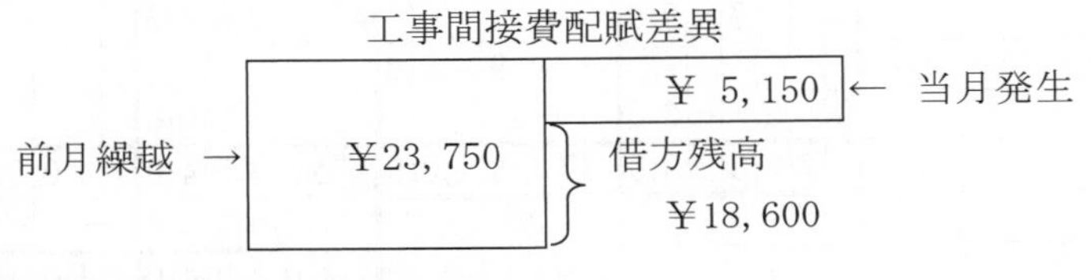

工事間接費配賦差異月末残高：￥18,600（借方残高）→ A

第4回

〔第５問〕

精　算　表

(単位：千円)

勘定科目	残高試算表		整理記入		損益計算書		貸借対照表	
	借方	貸方	借方	貸方	借方	貸方	借方	貸方
現金	1875			① 195			1680	
別段預金	180000			⑨ 180000				
当座預金	57900		⑨ 180000				★ 237900	
受取手形	408000						408000	
完成工事未収入金	666000						666000	
仮払金	32250			⑫ 32250				
貸倒引当金		3150		⑩ 7590				10740
未成工事支出金	237705		② 465 ⑧ 202500	④ 18000 ⑤ 3000 ⑪ 1170			★ 418500	
材料	72495			② 2055			★ 70440	
機械装置	1200000						1200000	
機械装置減価償却累計額		608400	⑤ 3000					★ 605400
備品	121500						121500	
備品減価償却累計額		32700		⑥ 30375				63075
手形貸付金	225000		③ 11250				236250	
支払手形		563000						563000
工事未払金		321750						321750
借入金		150000						150000
未成工事受入金		113700						113700
退職給付引当金		237855		⑦ 40500 ⑧ 202500				★ 480855
資本金		750000		⑨ 90000				840000
新株式申込証拠金		180000	⑨ 180000					
完成工事高		1392690				1392690		
完成工事原価	1053750		⑪ 1170		★ 1054920			
販売費及び一般管理費	96350		⑥ 30375 ⑦ 40500		★ 167225			
支払利息	420				420			
	4353245	4353245						
株式払込剰余金				⑨ 90000				★ 90000
雑損失			① 195		★ 195			
前払地代			④ 18000				★ 18000	
棚卸減耗損			② 1590		★ 1590			
受取利息				③ 11250		★ 11250		
貸倒引当金繰入額			⑩ 7590		★ 7590			
未払法人税等				⑫ 19350				★ 19350
法人税、住民税及び事業税			⑫ 51600		51600			
			728235	728235	1283540	1403940	3378270	3257870
当期（純利益）					120400	——★——		120400
					1403940	1403940	3378270	3378270

＊　当期純利益はＰ／Ｌ・Ｂ／Ｓともに正解で ★

採点基準：★… 2 点×15＝30点

（解　説）

⑴　現金過不足の処理

1,680千円（実際有高）－1,875千円（帳簿残高）＝△195千円（不足）

①（借）雑　　損　　失	195	（貸）現　　　　　　金	195

⑵　棚卸減耗の処理

棚卸減耗損を工事原価と営業外費用（棚卸減耗損）に分けて計上します。

②（借）未成工事支出金	465	（貸）材　　　　　　料	2,055
棚　卸　減　耗　損	1,590		

⑶　手形貸付金の償却原価法による評価

手形の受取りによる貸付けなので、「手形貸付金」として処理しています。約束手形270,000千円と貸付額225,000千円との差額を利息相当額と考え、年割により受取利息を計上します。また、同額を手形貸付金に加算して約束手形の金額に近づけていきます。

受取利息：(270,000千円－225,000千円）× $\frac{1\text{年}}{4\text{年}}$ ＝11,250千円

③（借）手　形　貸　付　金	11,250	（貸）受　取　利　息	11,250

⑷　土地の賃借料の繰延べ

１年分が工事原価として未成工事支出金に計上されているため、10か月分（＝12か月－２か月）を繰り延べます。

前払地代：21,600千円× $\frac{10\text{か月}}{12\text{か月}}$ ＝18,000千円

④（借）前　払　地　代	18,000	（貸）未成工事支出金	18,000

⑸　減価償却費の計上

・機械装置

予定計上額：12,750千円×12か月＝153,000千円

実際発生額：1,200,000千円÷８年＝150,000千円

差　　　額：153,000千円－150,000千円＝3,000千円（過剰）

⑤（借）機械装置減価償却累計額	3,000	（貸）未成工事支出金	3,000

・備　　品

減価償却費：121,500千円÷４年＝30,375千円

⑥（借）販売費及び一般管理費	30,375	（貸）備品減価償却累計額	30,375

第４回

⑹　退職給付引当金の計上

・管理部門

管理部門の当期繰入額は「販売費及び一般管理費」で処理します。

⑦	（借）	販売費及び一般管理費	40,500	（貸） 退職給付引当金	40,500

・施工部門

施工部門の当期繰入額は工事原価に算入するので、「未成工事支出金」で処理します。

⑧	（借）	未成工事支出金	202,500	（貸） 退職給付引当金	202,500

⑺　新株の発行（払込期日到来）

払込金額：@18,000千円×10株＝180,000千円

このうち、90,000千円（＝@9,000千円×10株）は資本金に組み入れず、「株式払込剰余金」として処理します。

⑨	（借）	新株式申込証拠金	180,000	（貸） 資本金	90,000
				株式払込剰余金	90,000
	（借）	当座預金	180,000	（貸） 別段預金	180,000

⑻　貸倒引当金の設定（差額補充法）

設定額：（408,000千円＋666,000千円）×１％＝10,740千円

受取手形　完成工事未収入金

繰入額：10,740千円−3,150千円＝7,590千円

⑩	（借）	貸倒引当金繰入額	7,590	（貸） 貸倒引当金	7,590

⑼　完成工事原価の算定

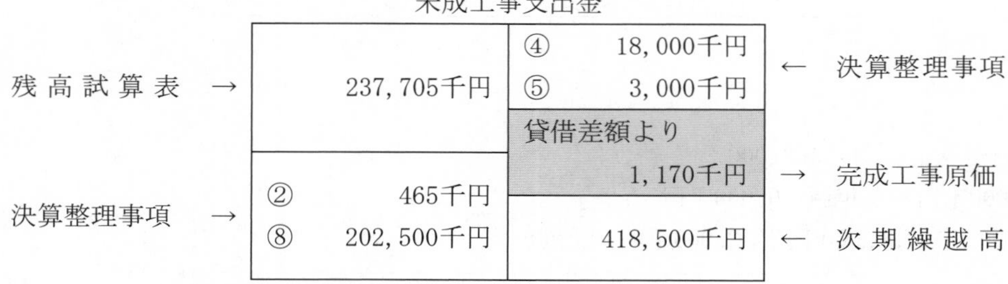

⑪	（借）	完成工事原価	1,170	（貸） 未成工事支出金	1,170

⑽　法人税、住民税及び事業税の計上（損益計算書欄より）

		費　用	収　益		
完成工事原価	→	1,054,920千円	1,392,690千円	←	完成工事高
販売費及び一般管理費	→	167,225千円	11,250千円	←	受取利息
支払利息	→	420千円			
雑損失	→	195千円			
棚卸減耗損	→	1,590千円			
貸倒引当金繰入額	→	7,590千円			
税引前当期純利益	→	172,000千円			

法人税、住民税及び事業税：172,000千円×30％＝51,600千円

未払法人税等：51,600千円－32,250千円（中間納付額）＝19,350千円

⑫	（借）	法人税、住民税及び事業税	51,600	（貸）	仮払金	32,250
					未払法人税等	19,350

当期純利益：172,000千円－51,600千円＝120,400千円

第4回

〔第１問〕

No.	借方			貸方			
	記号	勘定科目	金額	記号	勘定科目	金額	
(例)	B	当座預金	100000	A	現金	100000	
(1)	A	現金	3600	C	完成工事未収入金	3600	★
(2)	H	材料貯蔵品	350000	D	未成工事支出金	350000	★
(3)	C	完成工事未収入金	4500000	N	完成工事高	4500000	★
	T	完成工事原価	3170000	D	未成工事支出金	3170000	
(4)	M	減価償却累計額	2250000	F	機械装置	3000000	★
	G	貯蔵品	375000				
	W	固定資産除却損	375000				
(5)	K	貸倒引当金	750000	C	完成工事未収入金	1350000	★
	X	貸倒損失	600000				

採点基準：★… ４ 点× ５ ＝20点

（解　説）

⑴　完成工事未収入金を現金で受け取った際、受取額￥507, 350より少ない金額（￥503, 750）を記帳しています。そのため、現金￥3, 600（＝￥507, 350－￥503, 750）を増加させ、完成工事未収入金を同額、減少させます。

⑵　すくい出し方式を採用しているため、仮設材料を消費した時点で、取得原価の全額を「未成工事支出金」で処理しています。工事が完了して倉庫に戻された仮設材料に評価額がある場合、その金額を「未成工事支出金」から「材料貯蔵品」に振り替えます。

⑶　工事進行基準では、工事の進捗に応じて収益を計上します。当期は第２期であるため、さきに第１期（前期）で計上されている完成工事高を計算してから、当期の完成工事高を求めます。ただし、当期末に工事原価総額の見積額が変更されていることから、当期までの完成工事高の累計額は、変更後の見積額にもとづいて計算します。

前期の完成工事高：$¥9,000,000 \times \frac{¥2,100,000}{¥6,000,000} = ¥3,150,000$

当期までの完成工事高の累計額：$¥9,000,000 \times \frac{¥2,100,000 + ¥3,170,000}{¥6,200,000\text{（変更後）}} = ¥7,650,000$

当期の完成工事高：￥7, 650, 000－￥3, 150, 000（前期の完成工事高）＝￥4, 500, 000

また、第２期（当期）の工事原価は、未成工事支出金から完成工事原価に振り替えます。

⑷　帳簿価額（取得原価－減価償却累計額）と処分価額の差額を固定資産除却損として処理します。なお、当期首は第７年目の期首とあるので、前期末までに６年分償却されています。

減価償却累計額：$(¥3,000,000 - ¥0) \times \frac{6\text{年}}{8\text{年}} = ¥2,250,000$

帳簿価額：￥3, 000, 000－￥2, 250, 000＝￥750, 000

固定資産除却損：￥375, 000－￥750, 000＝△￥375, 000（除却損）

⑸　滞留債権（完成工事未収入金）￥1, 500, 000のうち、￥150, 000は回収し処理していますが、残り￥1, 350, 000（＝￥1, 500, 000－￥150, 000）は貸倒れとなっています。前期末に計上した貸倒引当金￥750, 000（＝￥1, 500, 000×50%）があるため、先に貸倒引当金を取崩し、貸倒引当金の金額を超える分は、貸倒損失として処理します。

貸倒損失：￥1, 350, 000－￥750, 000＝￥600, 000

〔第２問〕

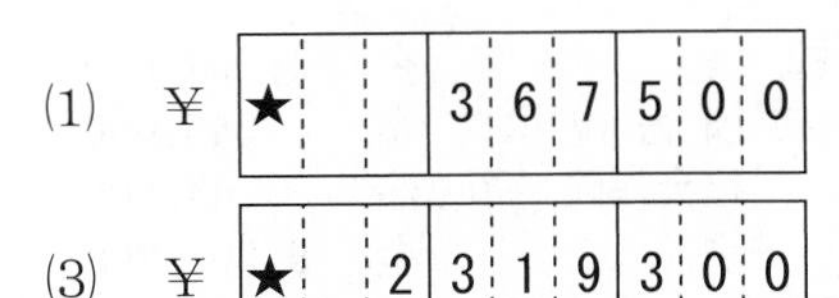

⑴ ￥ ★ 367500　　⑵ ￥ ★ 510000

⑶ ￥ ★ 2319300　　⑷ ￥ ★ 3585000

採点基準：★… ３ 点× ４ ＝12点

〔解　説〕

⑴　支店間取引（本店集中計算制度）

（北海道支店）：（借）本　　　店		37,500	（貸）現　　　金	37,500
（本　　店）：（借）秋 田 支 店	①	37,500	（貸）北海道支店	37,500
（秋 田 支 店）：（借）旅費交通費		37,500	（貸）本　　　店	37,500

秋田支店

秋田支店		
￥330,000	→	残高
①　￥ 37,500		￥367,500

よって、本店における秋田支店勘定の残高は**￥367,500**です。

⑵　消費税（税抜方式）

事務所家賃の未払分に係る消費税の金額を、仮払消費税として処理することになります。

（借）支　払　家　賃	450,000	（貸）未　払　金	495,000
仮　払　消　費　税	45,000		

仮払消費税：￥720,000＋￥45,000＝￥765,000

また、「仮受消費税＞仮払消費税」となるため、差額を未払消費税として処理します。

未払消費税：￥1,275,000－￥765,000＝**￥510,000**

（借）仮　受　消　費　税	1,275,000	（貸）仮　払　消　費　税	765,000
		未　払　消　費　税	510,000

⑶　簡単な銀行勘定調整表（両者区分調整法）を作成し、修正後の当座預金勘定の残高を計算します。

①連絡未通知	：（借）当　座　預　金	63,000	（貸）受　取　手　形	63,000
②未取付小切手	：　仕　訳　な　し			
③連絡未通知	：（借）当　座　預　金	76,500	（貸）完成工事未収入金	76,500
④未渡小切手	：（借）当　座　預　金	10,800	（貸）未　払　金	10,800

修正後の当座預金勘定の残高：￥2,169,000＋￥63,000＋￥76,500＋￥10,800＝**￥2,319,300**

銀行勘定調整表（両者区分調整法）

当座預金勘定の残高	￥2,169,000	銀行の当座預金残高	￥2,346,300
（加算）		（加算）	
①連絡未通知	￥　63,000		
③連絡未通知	￥　76,500		
④未渡小切手	￥　10,800		
（減算）		（減算）	
		②未取付小切手	￥　27,000
	￥2,319,300		**￥2,319,300**

第５回

⑷　当月に行われた仕訳を考え、貸借差額により当月の労務費を推定します。

月初（再振替仕訳）	：（借）未払賃金	1,294,500	（貸）賃金	1,294,500
25日（支払時）	：（借）賃金	3,795,000	（貸）所得税預り金	345,000
			社会保険料預り金	244,800
			現金	3,205,200
月末（未払計上）	：（借）賃金	1,084,500	（貸）未払賃金	1,084,500

賃　　金

	借方	貸方	
当月支払い　→	当月支払額　¥3,795,000	月初　¥1,294,500	←　前月未払い
当月未払い　→	月末　¥1,084,500	**¥3,585,000**	←　当月の労務費

〔第3問〕

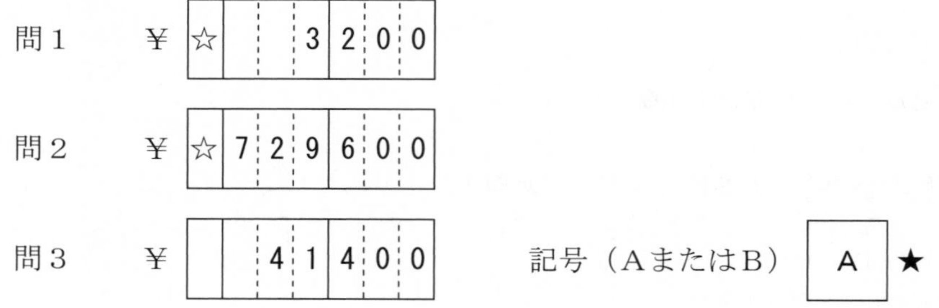

採点基準：☆…　4 点×　2　＝　8点
★…　6 点×　1　＝　6点
合計　14点

（解　説）

問1

人件費予定配賦率は、当会計期間の人件費予算額（資料⑴の①～③の合計）を、当会計期間の現場管理延べ予定作業時間で割ることにより算定します。

人件費予定配賦率：$\dfrac{¥46,800,000＋¥5,592,000＋¥2,808,000}{17,250時間}$ ＝@**¥3,200**

問2

問1で算定した人件費予定配賦率に、当月のNo.101工事の実際作業時間を掛けて、配賦額を求めます。

No.101工事への予定配賦額：@¥3,200×228時間＝**¥729,600**

問3

予定配賦額と実際発生額との差額が配賦差異となります。また、「予定配賦額＜実際発生額」の場合、借方差異（不利差異）となります。

予定配賦額（総額）：@¥3,200×（228時間＋1,470時間）＝¥5,433,600

実際発生額（総額）：¥5,475,000

配賦差異：¥5,433,600－¥5,475,000＝△**¥41,400**（借方差異　→　A）

〔第４問〕

問１　記号（A～G）

1	2	3	4
D	B	C	G
☆	☆	☆	☆

問２

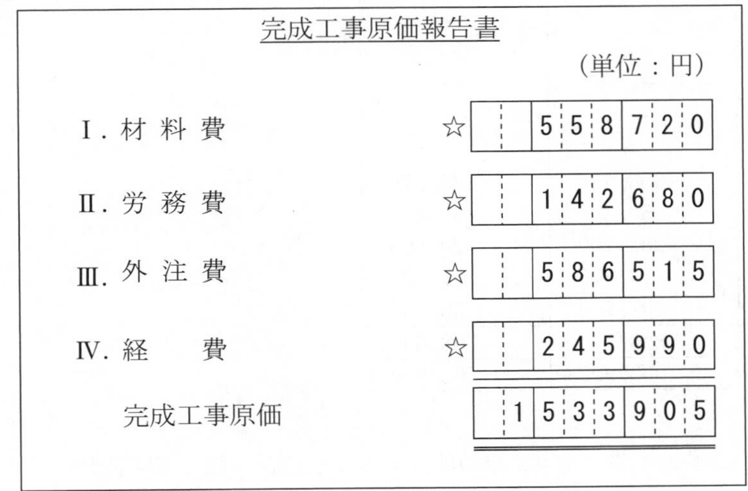

完成工事原価報告書

（単位：円）

Ⅰ. 材 料 費	☆	558720
Ⅱ. 労 務 費	☆	142680
Ⅲ. 外 注 費	☆	586515
Ⅳ. 経　　費	☆	245990
完成工事原価		1533905

未成工事支出金　¥ 768690 ★

現場共通費配賦差異　¥ 7248　　記号（AまたはB） A ★

＊　現場共通費配賦差異は、金額及び記号ともに正解で★

採点基準：☆… 2 点× 8 ＝16点

★… 4 点× 2 ＝ 8点

合計　24点

（解　説）

問１

配賦基準の具体例、配賦基準の名称から用語を類推します。

部門共通費の配賦基準は、その性質によって、**サービス量**配賦基準（動力使用量など）、**活動量**配賦基準（作業時間など）、**規模**配賦基準（建物専有面積など）に分類することができる。また、その単一性によって、単一配賦基準、複合配賦基準に分類することができ、複合配賦基準の具体的な例としては、**重量×運搬回数**などがある。

問2

本問は、工事原価計算の総合問題です。工事原価計算表を作成しながら解答していきます。

1．工事原価計算表の作成

工事原価計算表　　　　（単位：円）

	201工事	202工事	203工事
月初未成工事原価			
材　料　費	200,280	—	—
労　務　費	56,835	—	—
外　注　費	206,970	—	—
経　　　費	100,785	—	—
計	564,870	—	—
当月発生工事原価			
材　料　費	—	358,440	145,875
労　務　費	35,520	50,325	188,820
外　注　費	95,445	284,100	320,505
直接経費	20,130	13,275	57,330
現場共通費	14,040	97,760	56,160
計	165,135	803,900	768,690
合　計	730,005	803,900	768,690

⑴　月初未成工事原価

資料1．より、201工事は前月からの継続の工事であり、その前月から繰り越された工事原価が資料2．⑴の未成工事支出金です。

⑵　当月発生工事原価

①　材料費

資料3．aより、先入先出法によって、各工事の消費額を計算します。

201工事：当月の消費はありません。

202工事（180kg）：@¥1,823×30kg＋@¥2,025×150kg＝¥358,440

203工事（ 75kg）：@¥2,025×55kg（8日仕入分の残り）＋@¥1,725×20kg＝¥145,875

②　労務費・外注費・直接経費

資料3．bの金額を使用します。

③　現場共通費

資料4．⑴、⑵より計算します。

201工事：@¥520× 27時間＝¥14,040

202工事：@¥520×188時間＝¥97,760

203工事：@¥520×108時間＝¥56,160

2．完成工事原価報告書の作成

1．で作成した工事原価計算表にもとづいて、当月に完成した工事（201工事、202工事）に係る原価を集計します。

材料費：¥200,280（201工事）＋¥358,440（202工事）＝**¥558,720**

労務費：¥56,835（201工事）＋¥35,520（201工事）＋¥50,325（202工事）＝**¥142,680**

外注費：¥206,970（201工事）＋¥95,445（201工事）＋¥284,100（202工事）＝**¥586,515**

経　費：¥100,785（201工事）＋¥20,130＋¥14,040（201工事）＋¥13,275＋¥97,760（202工事）
＝**¥245,990**

3．未成工事支出金の月末残高

1．で作成した工事原価計算表より、当月末に未完成の工事（203工事）に係る原価**¥768,690**が未成工事支出金の月末残高です。

4．現場共通費配賦差異の月末残高

当月の予定配賦額：@¥520×323時間＝¥167,960

当月の配賦差異：¥167,960（予定配賦額）－¥169,920（実際発生額）＝△¥1,960 → 借方差異

現場共通費配賦差異の月末残高：月初残高¥5,288（借方残高）＋当月差異¥1,960（借方差異）
＝**¥7,248**（借方残高 → **A**）

現場共通費配賦差異

月初残高 ¥5,288	→ 月末残高 ¥7,248
当月差異 ¥1,960	

第5回

〔第５問〕

精　算　表　（単位：円）

勘定科目	残高試算表 借方	残高試算表 貸方	整理記入 借方	整理記入 貸方	損益計算書 借方	損益計算書 貸方	貸借対照表 借方	貸借対照表 貸方
現金	71120						71120	
当座預金	311300		②264000	①41800			★533500	
受取手形	795200						795200	
完成工事未収入金	701800			②264000			★437800	
貸倒引当金		19800		④4860				★24660
未成工事支出金	253540		⑤8580 ⑩167200 ⑪2300	⑦2850 ⑫5270			★423500	
材料貯蔵品	30800			⑤8580			★22220	
仮払金	19800			⑥19800				
機械装置	584650						584650	
機械装置減価償却累計額		155640	⑦2850					★152790
備品	308000						308000	
備品減価償却累計額		123200		⑧61600				★184800
投資有価証券	418000			③225500			★192500	
支払手形		281600						281600
工事未払金		358600						358600
借入金		253000						253000
未成工事受入金		198000						198000
修繕引当金		6270						6270
完成工事補償引当金		4245		⑪2300				★6545
退職給付引当金		913000		⑨74800 ⑩167200				★1155000
資本金		385000						385000
繰越利益剰余金		193225						193225
完成工事高		6545000				6545000		
完成工事原価	4950880		⑫5270		★4956150			
販売費及び一般管理費	951500		①41800 ④4860 ⑥19800 ⑧61600 ⑨74800		★1154360			
受取利息配当金		1810				1810		
支払利息	41800				41800			
	9438390	9438390						
投資有価証券評価損			③225500		★225500			
未払法人税等				⑬50700				50700
法人税、住民税及び事業税			⑬50700		★50700			
			929260	929260	6428510	6546810	3368490	3250190
当期（純利益）					118300	★		118300
					6546810	6546810	3368490	3368490

＊　当期純利益はＰ／Ｌ・Ｂ／Ｓともに正解で ★

採点基準：★… 2 点×15＝30点

（解　説）

⑴　当座預金の整理

未処理（保険料の引落し）

①（借）販売費及び一般管理費	41,800	（貸）当　座　預　金	41,800

未記帳（工事代金の振込み）

②（借）当　座　預　金	264,000	（貸）完成工事未収入金	264,000

⑵　投資有価証券の減損処理

③（借）投資有価証券評価損	225,500	（貸）投資有価証券	225,500

⑶　貸倒引当金の設定（差額補充法）

受取手形および完成工事未収入金の残高に対して貸倒引当金を設定し、差額補充法により貸倒引当金繰入額を求めます。

（¥795,200＋¥701,800－¥264,000（②より））×２％＝¥24,660

¥24,660－¥19,800＝¥4,860

④（借）販売費及び一般管理費	4,860	（貸）貸倒引当金	4,860

⑷　棚卸減耗の処理

期末材料貯蔵品が棚卸減耗によって¥8,580減少しています。また、全額工事原価として処理するため、棚卸減耗分を未成工事支出金に計上します。

⑤（借）未成工事支出金	8,580	（貸）材料貯蔵品	8,580

⑸　仮払金の処理

出張旅費を旅費交通費として、販売費及び一般管理費に計上します。

⑥（借）販売費及び一般管理費	19,800	（貸）仮　払　金	19,800

⑹ 減価償却費の計上

・工事用：機械装置

予定計上額：¥10,000×12か月＝¥120,000

実際発生額：¥117,150

差　　額：¥120,000－¥117,150＝¥2,850（過剰）

予定計上額¥120,000は月次決算で計上済みです。しかし、実際発生額は¥117,150なので、差額¥2,850を戻し入れ、実際発生額に修正します。

⑦	（借）	機械装置減価償却累計額	2,850	（貸）	未成工事支出金	2,850

・一般管理用：備品

¥308,000÷５年＝¥61,600

⑧	（借）	販売費及び一般管理費	61,600	（貸）	備品減価償却累計額	61,600

⑺ 退職給付引当金の計上

本部事務員

本部事務員に対する当期繰入額は「販売費及び一般管理費」で処理します。

⑨	（借）	販売費及び一般管理費	74,800	（貸）	退職給付引当金	74,800

現場作業員

現場作業員に対する当期繰入額は工事原価に算入するので、「未成工事支出金」で処理します。

⑩	（借）	未成工事支出金	167,200	（貸）	退職給付引当金	167,200

⑻ 完成工事補償引当金の計上（差額補充法）

設定額：完成工事高¥6,545,000×0.1%＝¥6,545

繰入額：¥6,545－¥4,245＝¥2,300

⑪	（借）	未成工事支出金	2,300	（貸）	完成工事補償引当金	2,300

⑼ 完成工事原価の算定

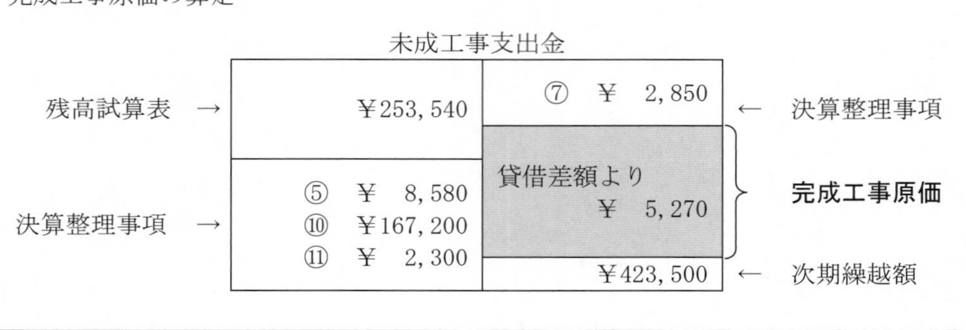

⑫	（借）	完成工事原価	5,270	（貸）	未成工事支出金	5,270

⑽　法人税、住民税及び事業税の計上（損益計算書欄より）

		費　用	収　益		
完成工事原価	→	￥4,956,150	￥6,545,000	←	完成工事高
販売費及び一般管理費	→	￥1,154,360	￥　1,810	←	受取利息配当金
支払利息	→	￥　41,800			
投資有価証券評価損	→	￥　225,500			
税引前当期純利益	→	￥　169,000			

法人税、住民税及び事業税：￥169,000×30％＝￥50,700

当期純利益：￥169,000－￥50,700＝￥118,300

⑬（借）法人税、住民税及び事業税	50,700	（貸）未払法人税等	50,700

第5回

〔第１問〕

No.	借方			貸方			
	記号	勘定科目	金額	記号	勘定科目	金額	
(例)	B	当座預金	100000	A	現金	100000	
(1)	G	機械装置	450000	B	当座預金	750000	★
	N	修繕引当金	225000				
	T	機械等経費	75000				
(2)	A	現金	250000	R	償却債権取立益	250000	★
(3)	X	投資有価証券評価損	270000	H	投資有価証券	270000	★
(4)	J	未成工事受入金	1750000	Q	完成工事高	10500000	★
	C	完成工事未収入金	8750000				
	S	完成工事原価	8400000	D	未成工事支出金	8400000	
(5)	D	未成工事支出金	1120000	E	前渡金	336000	★
				B	当座預金	784000	

採点基準：★… ４ 点× ５ ＝20点

（解　説）

(1) 機械装置（建設重機械）の補修に係る支出額のうち、¥450,000は機械装置の改良のための支出であり、資本的支出となるので、「機械装置」として処理します。残りの¥300,000（＝¥750,000－¥450,000）は収益的支出となりますが、修繕引当金があるので、先に修繕引当金を取り崩し、修繕引当金を超える分を「機械等経費（修繕費）」として処理します。

機械等経費：¥300,000－¥225,000＝¥75,000

(2) 過年度に償却済みの債権を回収したときは、「償却債権取立益（収益）」で処理します。

(3) 実質価額が著しく低下しているので、実質価額により評価します。

実質価額：@¥180×1,000株＝¥180,000

帳簿価額：@¥450×1,000株＝¥450,000

投資有価証券評価損＝¥180,000－¥450,000＝△¥270,000

(4) 工事進行基準では、工事の進捗に応じて収益を計上します。本問は２年度目であるため、さきに前期に計上されている完成工事高を計算してから、当期完成工事高を求めます。

前期の完成工事高：$¥21,000,000 \times \dfrac{¥4,200,000}{¥16,800,000} = ¥5,250,000$

完成工事高累計額：$¥21,000,000 \times \dfrac{¥4,200,000 + ¥8,400,000}{¥16,800,000} = ¥15,750,000$

当期の完成工事高：¥15,750,000－¥5,250,000＝¥10,500,000

また、着手前に受入金¥7,000,000があることから、当期首において未成工事受入金が¥1,750,000あります。

未成工事受入金の残高：¥7,000,000－¥5,250,000＝¥1,750,000

よって、先に未成工事受入金の残高を減少させ、残額は完成工事未収入金勘定で処理します。

完成工事未収入金：¥10,500,000－¥1,750,000＝¥8,750,000

(5) 外注先による設備工事が完了したため、契約代金を「未成工事支出金」で処理します。なお、工事契約締結時に前払いしたさい、「前渡金」で処理しています。

〔第2問〕

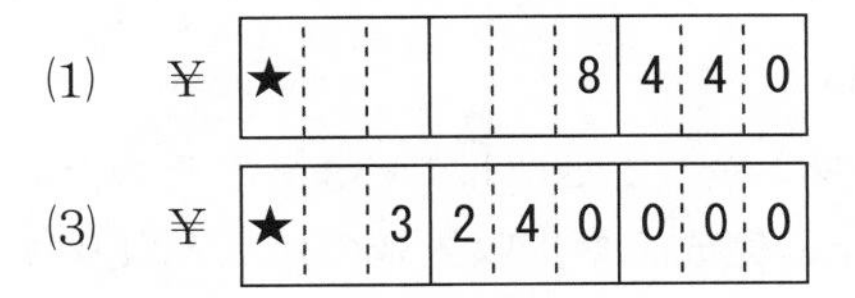

(1) ¥ ★ 8440

(2) ¥ ★ 364000

(3) ¥ ★ 3240000

(4) ¥ ★ 226100

採点基準：★… 3 点× 4 ＝12点

（解　説）

(1) 支店勘定の推移

期中の本店の仕訳は以下のとおりになります。

①	(借) 支	店	1,460	(貸) 材	料	1,460
②	(借) 現	金	560	(貸) 支	店	560
③	(借) 支	店	1,040	(貸) 現　金　な	ど	1,040

支　店

借方	貸方
期首残高 ¥6,500	②現金 ¥ 560
①材料 ¥1,460	? → 残高 ¥8,440
③現金など ¥1,040	

よって、本店における支店勘定残高は**¥8,440**となります。

(2) 固定資産の交換

固定資産を交換により取得した場合には、提供した自己資産の帳簿価額を取得原価とします。なお、交換差金がある場合には、これに加減します。

(借)	車　両　運　搬　具	1,820,000	(貸) 車　両　運　搬　具	2,100,000
	現　　　　　金	280,000		

年間の減価償却費：¥1,820,000÷５年＝**¥364,000**

⑶　工事進行基準

成果の確実性を事後的に獲得した場合、成果の確実性が認められる時点より、工事進行基準を適用します。また、過去に遡った修正は必要ありません。

前期の完成工事高：¥０

当期の工事進捗度：$\frac{¥1,809,600+¥6,744,000}{¥19,008,000}$ ＝0.45（45％）

当期の完成工事高：¥21,600,000×45％－¥0＝¥9,720,000

工事着手時に請負金額の30％を受領しているので、「未成工事受入金」で処理しています。そのため、当期の完成工事高から未成工事受入金の金額を差し引いた金額が、当期末の完成工事未収入金の残高となります。

未成工事受入金：¥21,600,000（請負金額）×30％＝¥6,480,000

完成工事未収入金の残高：¥9,720,000（完成工事高）－¥6,480,000（未成工事受入金）＝**¥3,240,000**

⑷　当座預金勘定の残高と銀行の当座預金残高との差額

銀行勘定調整表（両者区分調整法）を用いて、当座預金勘定の残高と銀行の当座預金残高との差額を求めます。両者区分調整法では、調整後の残高が一致するので、調整後の残高を¥300,000（仮の金額）とおいて、逆算して当座預金勘定の残高（仮の金額）と銀行の当座預金残高（仮の金額）を求め、調整前の残高の差額を計算します。

銀行勘定調整表（両者区分調整法）

当座預金勘定の残高	（　？　）	銀行の当座預金残高	（　？　）
（加算）		**（加算）**	
②振込の連絡未達	¥259,000	①時間外預入れ	¥　98,000
（減算）		**（減算）**	
		③未取付小切手	¥　65,100
	¥300,000		¥300,000

＊　調整後の残高にどのような金額を用いても、当座預金勘定の残高と銀行の当座預金残高との差額は同じになります。

当座預金勘定の残高

（　？　）＋¥259,000＝¥300,000

（　？　）＝¥41,000

銀行の当座預金残高

（　？　）＋¥98,000－¥65,100＝¥300,000

（　？　）＝¥267,100

当座預金勘定の残高¥41,000　＜　銀行の当座預金残高¥267,100

よって、当座預金勘定の残高と銀行の当座預金残高との差額は**¥226,100**（＝¥267,100－¥41,000）となります。

〔第３問〕

問１　　記号（A～C）

1	2	3	4
C	A	C	B
★	★	★	★

問２

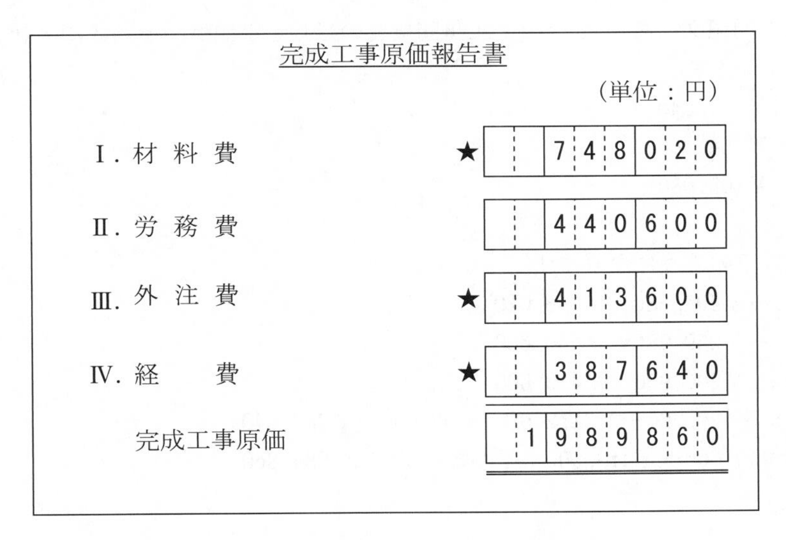

完成工事原価報告書

（単位：円）

Ⅰ．材　料　費	★	748,020
Ⅱ．労　務　費		440,600
Ⅲ．外　注　費	★	413,600
Ⅳ．経　　　費	★	387,640
完成工事原価		1,989,860

工事間接費配賦差異月末残高　　¥ 382　　記号（AまたはB）A ★

＊　工事間接費配賦差異は、金額及び記号ともに正解で★

採点基準：★… ３ 点× ８ ＝24点

（解　説）

問１

1．火災などに係る支出は臨時的な支出（損失）であるため、**非原価（原価外項目）**として処理します。

2．特定の工事に係る支出は、**工事原価**として処理します。

3．短期借入金に係る利子は、財務活動に係る費用であるため、**非原価（原価外項目）**として処理します。

4．登記関係諸費は原価計算制度上の原価ですが、工事原価ではないので、**一般管理費**として処理します。

問２

１．完成工事原価報告書の作成

完成した74工事・76工事に関する原価を集計します。74工事・75工事が前月以前の着工であることから、資料２．⑴未成工事支出金のうち、完成した74工事のみ集計します。また、74工事・76工事の当月発生原価と合わせて集計します。

⑴　工事間接費の予定配賦

工事間接費はすべて経費であると問題文にあることから、工事間接費の当月予定配賦額を経費に集計します。資料４．⑴と⑵より求めます。

74工事：@￥2,840×11時間＝￥　31,240

75工事：@￥2,840×24時間＝￥　68,160

76工事：@￥2,840×37時間＝￥105,080

⑵　完成工事原価報告書の作成

完成工事原価報告書の各金額は以下のようになります。

材料費：￥182,900＋￥70,440＋￥494,680＝**￥748,020**

労務費：￥118,080＋￥52,540＋￥269,980＝**￥440,600**

外注費：￥129,640＋￥83,000＋￥200,960＝**￥413,600**

経　費：￥75,220＋￥46,840＋￥129,260＋￥31,240＋￥105,080＝**￥387,640**

完成工事原価：￥748,020＋￥440,600＋￥413,600＋￥387,640＝**￥1,989,860**

２．工事間接費配賦差異の月末残高

@￥2,840×72時間（予定配賦額）－￥211,874（実際発生額）＝△￥7,394（借方差異）

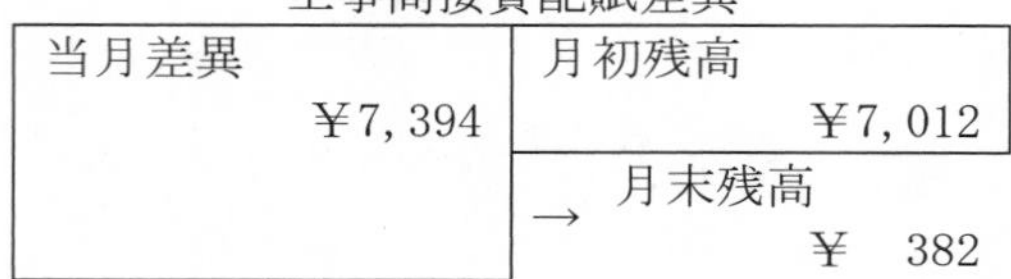

月末残高：￥7,012－￥7,394＝△**￥382**（借方残高　→　**A**）

〔第４問〕

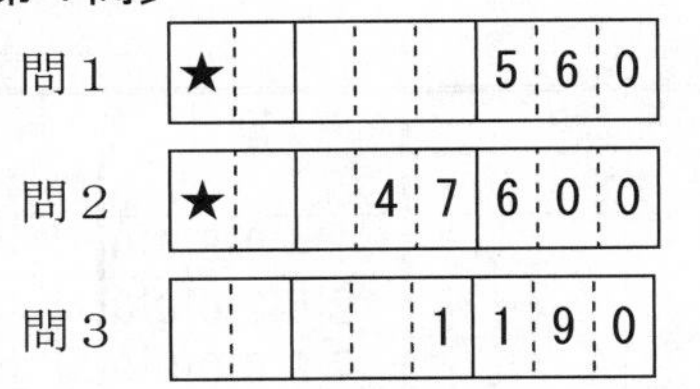
問１ ★ 560
問２ ★ 47600
問３ 1190

記号（ＡまたはＢ） Ａ ☆

＊　配賦差異は、金額及び記号ともに正解で☆

採点基準：★… ４ 点× ２ ＝ 8点
☆… ６ 点× １ ＝ 6点
合計 14点

（解　説）

問１

予定配賦率は、当会計期間の予算額を、当会計期間の車両走行距離（予定）で割って計算します。

予定配賦率：$\frac{¥546,000+¥602,000+¥189,560+¥80,500}{2,530\text{km}}$ ＝@¥560.4… → **@¥560**（円未満四捨五入）

問２

予定配賦額は、予定配賦率に車両利用実績を掛けて計算します。

甲工事予定配賦額：@¥560×85km＝**¥47,600**

問３

配賦差異は、当月の予定配賦額と実際発生額との差額で計算します。

配賦差異：@¥560×（85km＋148km）－¥129,290＝**¥1,190**（有利差異 → Ａ）

第６回

〔第 5 問〕

精　算　表

(単位：円)

勘定科目	残高試算表 借方	残高試算表 貸方	整理記入 借方	整理記入 貸方	損益計算書 借方	損益計算書 貸方	貸借対照表 借方	貸借対照表 貸方
現金預金	149840						149840	
受取手形	252000						252000	
完成工事未収入金	780000						780000	
貸倒引当金		19440		① 1200				★ 20640
有価証券	30400			② 4800			25600	
材料貯蔵品	28320		④ 2720				★ 31040	
未成工事支出金	349120		⑤ 1280 ⑦ 2000 ⑨ 11840 ⑩ 1200	④ 2720 ⑪ 6720			★ 356000	
仮払金	46480			③ 2880 ⑫ 43600				
建物	780000						780000	
建物減価償却累計額		390000		⑥ 26000				★ 416000
車両運搬具	78400						78400	
車両運搬具減価償却累計額		31360		⑤ 1280				★ 32640
土地	292000						292000	
支払手形		373520						373520
工事未払金		305200		⑦ 2000				★ 307200
借入金		571680						571680
未成工事受入金		452000						452000
完成工事補償引当金		6560		⑩ 1200				★ 7760
退職給付引当金		193520		⑧ 7600 ⑨ 11840				★ 212960
資本金		80000						80000
繰越利益剰余金		20000						20000
完成工事高		3880000				3880000		
完成工事原価	3351680		⑪ 6720		★ 3358400			
販売費及び一般管理費	172240		③ 960 ⑥ 26000 ⑧ 7600		★ 206800			
受取利息配当金		2160				2160		
支払利息	14960				14960			
	6325440	6325440						
前払費用			③ 1920				★ 1920	
貸倒引当金繰入額			① 1200		★ 1200			
有価証券評価損			② 4800		★ 4800			
未払法人税等				⑫ 45200				★ 45200
法人税、住民税及び事業税			⑫ 88800		88800			
			157040	157040	3674960	3882160	2746800	2539600
当期(純利益)					207200	———★———		207200
					3882160	3882160	2746800	2746800

＊　当期純利益はＰ／Ｌ・Ｂ／Ｓともに正解で ★

採点基準：★… 2 点×15＝30点

（解　説）

⑴　貸倒引当金の計上（差額補充法）

（¥252,000＋¥780,000）×２％－¥19,440＝¥1,200
受取手形　完成工事未収入金　貸倒引当金残高

①（借）貸倒引当金繰入額	1,200	（貸）貸倒引当金	1,200

⑵　有価証券の評価替え

¥25,600－¥30,400＝△¥4,800（評価損）
期末時価　帳簿価額

②（借）有価証券評価損	4,800	（貸）有価証券	4,800

⑶　仮払金の処理

¥2,880は本社建物の保険料の１年分であり、うち８か月分は前払いであるため、４か月分は「販売費及び一般管理費」、８か月分は「前払費用」に振り替えます。

③（借）販売費及び一般管理費	960	（貸）仮払金	2,880
前払費用	1,920		

¥43,600は法人税等の中間納付額であるため、⑽において処理します。

⑷　仮設材料の評価額の処理

すくい出し方式を採用しているため、仮設材料の支出額を全額、「未成工事支出金」に計上しています。仮設材料の評価額があるため、その分を「材料貯蔵品」に振り替えます。

④（借）材料貯蔵品	2,720	（貸）未成工事支出金	2,720

⑸　減価償却費の計上

車両運搬具（工事現場用）

予定計上額：¥1,200×12か月＝¥14,400

実際発生額：¥15,680

差額：¥14,400－¥15,680＝△¥1,280（不足）

⑤（借）未成工事支出金	1,280	（貸）車両運搬具減価償却累計額	1,280

建物（本社）

¥780,000×0.9÷27年＝¥26,000

⑥（借）販売費及び一般管理費	26,000	（貸）建物減価償却累計額	26,000

⑹　工事未払金の処理

工事現場の駐車場代金の未払いであるため、「未成工事支出金」に借方計上し、「工事未払金」に貸方計上します。

⑦（借）未成工事支出金	2,000	（貸）工事未払金	2,000

第6回

(7)　退職給付引当金の計上

管理部門に対する当期繰入額は「販売費及び一般管理費」で処理します。

当期繰入額：¥7,600

⑧（借）販売費及び一般管理費	7,600	（貸）退職給付引当金	7,600

施工部門の当期繰入額は工事原価に算入するので、「未成工事支出金」で処理します。

当期繰入額：¥11,840

⑨（借）未成工事支出金	11,840	（貸）退職給付引当金	11,840

(8)　完成工事補償引当金の計上（差額補充法）

完成工事補償引当金の繰入額は工事原価に算入します。

¥3,880,000×0.2%－¥6,560＝¥1,200
（¥6,560：完成工事補償引当金残高）

⑩（借）未成工事支出金	1,200	（貸）完成工事補償引当金	1,200

(9)　完成工事原価の算定

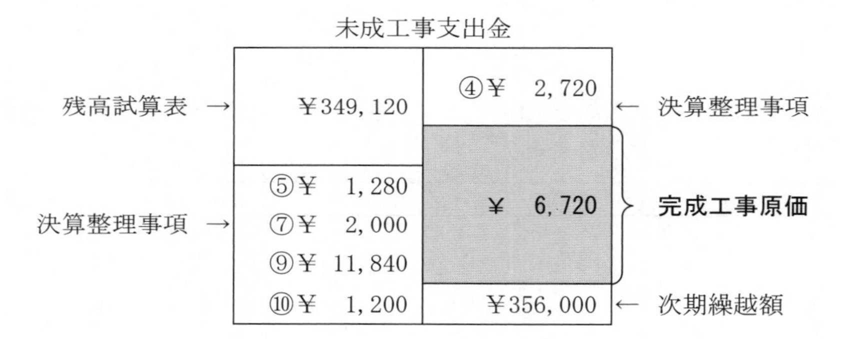

⑪（借）完成工事原価	6,720	（貸）未成工事支出金	6,720

⑽ 法人税、住民税及び事業税の計上（損益計算書より）

	費　用	収　益	
完成工事原価 →	¥3,358,400	¥3,880,000	← 完成工事高
販売費及び一般管理費 →	¥　206,800	¥　2,160	← 受取利息配当金
支払利息 →	¥　14,960		
貸倒引当金繰入額 →	¥　1,200		
有価証券評価損 →	¥　4,800		
税引前当期純利益 →	**¥　296,000**		

法人税、住民税及び事業税：¥296,000×30％＝¥88,800

未払法人税等：¥88,800－¥43,600＝¥45,200
（¥43,600：⑶②の中間納付額）

⑫	（借）	法人税、住民税及び事業税	88,800	（貸）	仮払金	43,600
					未払法人税等	45,200

当期純利益：¥296,000－¥88,800＝¥207,200

第6回

〔第１問〕

No.	借方 記号	借方 勘定科目	借方 金額	貸方 記号	貸方 勘定科目	貸方 金額	
(例)	B	当座預金	100000	A	現金	100000	
(1)	W	修繕維持費	60000	S	営業外支払手形	60000	★
(2)	J	建物	6200000	H	建設仮勘定	1800000	★
				B	当座預金	4400000	
(3)	D	未成工事支出金	4480000	B	当座預金	2100000	★
				R	支払手形	2380000	
(4)	K	関係会社株式	7700000	L	投資有価証券	2100000	★
				B	当座預金	5600000	
(5)	M	社債発行費	420000	B	当座預金	420000	★
	X	社債発行費償却	140000	M	社債発行費	140000	

採点基準：★… 4 点× 5 ＝20点

（解　説）

⑴　本社建物の修繕は、工事収益を得るという本来の営業取引以外の取引であるため、通常の支払手形と区別して、営業外支払手形勘定で処理します。

⑵　自社（新本社）の建物なので、手付金を支払ったときに「建設仮勘定」で処理しています。建物が完成し、引渡しを受けたときに「建物」に振り替えます。

⑶　工事完成基準を適用しているので、完成するまでに発生した工事原価は「未成工事支出金」に集計します。￥2,100,000については小切手を振り出して支払っているので、「当座預金」の減少となります。残りの金額については営業目的の約束手形の振出しとなるので、「支払手形」で処理します。

支払手形：￥4,480,000－￥2,100,000＝￥2,380,000

⑷　長期保有目的で所有していたので、「投資有価証券」として処理しています。A社株式の保有割合が100％（＝15％＋85％）となり、子会社となるため、投資有価証券の簿価と小切手の振出額の合計を「関係会社株式」として処理します。

関係会社株式：￥2,100,000＋￥5,600,000＝￥7,700,000

⑸　社債発行費（繰延資産）は、社債の償還期限３年にわたって償却します。

社債発行費償却：￥420,000÷３年＝￥140,000

〔第２問〕

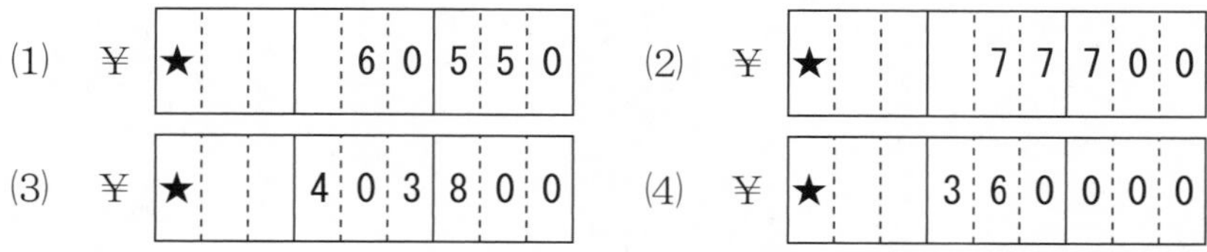

⑴	￥	★ 60550
⑵	￥	★ 77700
⑶	￥	★ 403800
⑷	￥	★ 360000

採点基準：★… 3 点× 4 ＝12点

（解　説）

⑴　購入時の売買手数料は取得原価に含めるため、取得単価は@￥250ではありません。また、2,800株のうち1,400株を売却していることに注意しましょう。

購入時

取得原価：@￥250×2,800株＋￥9,100＝￥709,100

取得単価：￥709,100÷2,800株＝@￥253.25

売却時

売却価額：@￥300×1,400株－￥4,900＝￥415,100

帳簿価額：@￥253.25×1,400株＝￥354,550

売却損益：￥415,100－￥354,550＝**￥60,550**（益）

⑵　材料の評価替えは、実地棚卸の数量に対して行います。棚卸減耗の数量に評価替えを行わないことに注意しましょう。

実地棚卸の数量：400kg－30kg＝370kg

材料評価損：（@￥2,100－@￥1,890）×370kg＝**￥77,700**

⑶　当期に行われた仕訳を考え、当期支払額を推定します。

期首（再振替仕訳）

(借)	未払利息	97,500	(貸)	支払利息	97,500

期中（支払時）

(借)	支払利息	?	(貸)	現金など	?

期末（見越し）

(借)	支払利息	181,200	(貸)	未払利息	181,200

当期支払額を￥（　？　）とすると次の関係が成り立ちます。

△￥97,500＋￥（　？　）＋￥181,200＝￥487,500（損益計算書）

￥（　？　）＝**￥403,800**

⑷　前期首に取得しているため、当期は２年目となります。

前期の減価償却費：￥1,500,000×0.4＝￥600,000

前期末の帳簿価額：￥1,500,000－￥600,000＝￥900,000

当期の減価償却費：￥900,000×0.4＝**￥360,000**

〔第３問〕

部門費振替表

（単位：円）

摘　　要	工事名称		補助部門費		
	A 工 事	B 工 事	仮設部門	車両部門	機械部門
工事直接費・部門費（内訳省略）	4,929,300	★4278450	★790200	681000	1026300
仮設部門費	★316080	★474120			
車両部門費	207,315	473,685			
機械部門費	451572	★574728			
補助部門費配賦額合計	★974967	1522533			
工事原価	★5904267	5800983			

採点基準：★… ２点× ７ ＝14点

（解　説）

部門費振替表の金額を推定する問題です。資料および解答用紙から金額を推定します。

車両部門　車両部門費：￥207,315＋￥473,685＝￥681,000（解答用紙より）

機械部門　機械部門費：￥1,026,300（資料２．より）

配賦基準（馬力数×使用時間数）

A工事：24×55時間＝1,320

B工事：32×52.5時間＝1,680

合　計：1,320＋1,680＝3,000

配賦額

A工事：￥1,026,300× $\frac{1,320}{3,000}$ ＝**￥451,572**

B工事：￥1,026,300× $\frac{1,680}{3,000}$ ＝**￥574,728**

仮設部門　仮設部門費：￥2,497,500－￥681,000－￥1,026,300＝￥790,200

（￥2,497,500：補助部門費発生総額　￥681,000：車両部門費　￥1,026,300：機械部門費）

配賦基準（セット×使用日数）

A工事：８×12日＝96

B工事：18×８日＝144

合　計：96＋144＝240

配賦額

A工事：￥790,200× $\frac{96}{240}$ ＝**￥316,080**

B工事：￥790,200× $\frac{144}{240}$ ＝**￥474,120**

A工事

補助部門費配賦額合計：￥316,080＋￥207,315＋￥451,572＝**￥974,967**

工事原価：￥4,929,300＋￥974,967＝**￥5,904,267**

B工事

補助部門費配賦額合計：￥474,120＋￥473,685＋￥574,728＝**￥1,522,533**

工事原価：￥11,705,250－￥5,904,267＝**￥5,800,983**

（￥11,705,250：完成工事原価の合計額　￥5,904,267：A工事の工事原価）

工事直接費・部門費：￥5,800,983－￥1,522,533＝**￥4,278,450**

〔第４問〕

問１　記号（ＡまたはＢ）

1	2	3	4
B	B	A	A
★	★	★	★

問２

工事原価明細表

×３年12月

（単位：円）

	当月発生工事原価	当月完成工事原価
Ⅰ．材料費	★1,047,200	★1,071,000
Ⅱ．労務費	1,220,800	★1,253,000
Ⅲ．外注費	★3,280,200	3,218,600
Ⅳ．経　費	★443,100	437,500
（うち人件費）	（163,380）	（★167,580）
工事原価	★5,991,300	★5,980,100

採点基準：★… ２ 点× 12 ＝24点

（解　説）

問１

原価計算制度は、財務諸表の作成のために、諸原価のデータを提供することを基本目的としています。特殊原価調査は、事前における各種の経営意思決定のために行われる原価に関するデータの作成を目的としています。

上記の目的の違いに注意し、選択します。

１．工事原価に及ぼす影響の検討資料の作成は、**特殊原価調査**に該当します。

２．新工法の採用可否に関する経済計算は、**特殊原価調査**に該当します。

３．現場事務所の費用の各工事への配賦は、**原価計算制度**に該当します。

４．総工事原価の算定は、**原価計算制度**に該当します。

第7回

問2

月次の工事原価明細表の作成が問われています。当月発生工事原価と当月完成工事原価の集計が必要となるため、原価の集計方法を工夫しましょう。なお、材料について購入時材料費処理法による場合、購入時に「材料費」で処理します。

また、1．⑵工事未払金、⑶前払費用の月初残高の再振替仕訳および月末の繰延べの処理に注意しましょう。

月初残高の再振替仕訳

(借)	保険料	11,200	(貸)	前払保険料	11,200
(借)	地代家賃	23,800	(貸)	前払地代家賃	23,800

月末の繰延べ

(借)	前払保険料	17,500	(貸)	保険料	17,500
(借)	前払地代家賃	25,200	(貸)	地代家賃	25,200

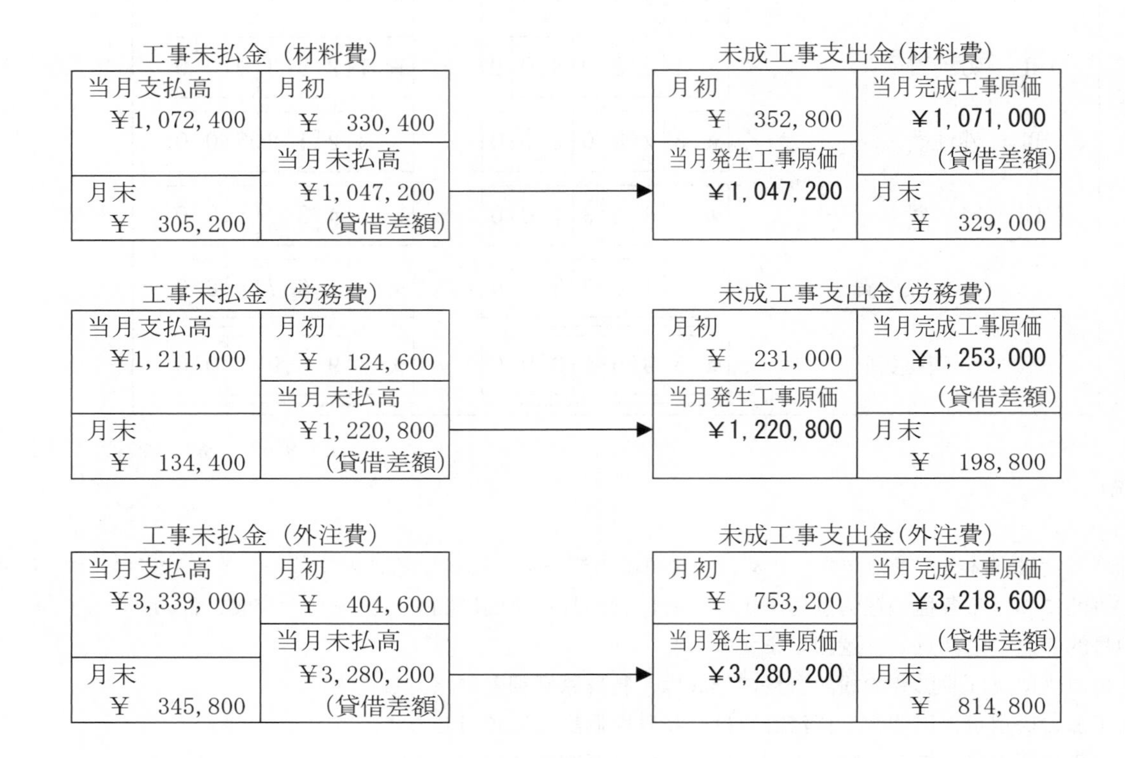

工事未払金（動力用水光熱費）

当月支払高 ¥95,200	月初 ¥10,500
月末 ¥11,200	当月未払高 ¥95,900（貸借差額）

工事未払金（従業員給料手当）

当月支払高 ¥159,600	月初 ¥ 22,400
月末 ¥ 21,000	当月未払高 ¥158,200（貸借差額）

従業員給料手当は人件費

工事未払金（法定福利費）

当月支払高 ¥5,320	月初 ¥ 840
月末 ¥ 700	当月未払高 ¥5,180（貸借差額）

法定福利費は人件費

保　険　料

月初 ¥11,200	当月消費高 ¥ 2,100（貸借差額）
当月支払高 ¥ 8,400	月末 ¥17,500

地 代 家 賃

月初 ¥23,800	当月消費高 ¥67,200（貸借差額）
当月支払高 ¥68,600	月末 ¥25,200

そ　の　他

当月支払高 事務用品費 ¥ 8,680 通信交通費 ¥ 31,640 交際費 ¥ 74,200	当月消費高 ¥114,520

未成工事支出金（経費）

月初 ¥221,200（¥ 25,200）	当月完成工事原価 **¥437,500**（**¥167,580**）
当月発生工事原価 **¥443,100**（**¥163,380**）	月末 ¥226,800（¥ 21,000）

（　　）内の金額は人件費

第7回

〔第５問〕

精　算　表

（単位：円）

勘定科目	残高試算表		整理記入		損益計算書		貸借対照表	
	借方	貸方	借方	貸方	借方	貸方	借方	貸方
現金	514000		① 10000				524000	
受取手形	908000						908000	
完成工事未収入金	1204000			④ 14000			★1190000	
貸倒引当金		39000		⑥ 24000 ⑦ 2000				65000
未成工事支出金	788000		⑧ 10000 ⑪ 36000	② 5000 ⑫ 1600 ⑬ 5000			822400	
材料貯蔵品	117000		② 5000				★122000	
仮払金	92000			③ 12000 ⑭ 80000				
機械装置	656000						656000	
機械装置減価償却累計額		236000		⑧ 10000				★246000
備品	190000						190000	
備品減価償却累計額		114000		⑨ 38000				★152000
支払手形		263400						263400
工事未払金		730000						730000
借入金		300000						300000
未成工事受入金		418000		⑤ 28000				★446000
仮受金		42000	④ 14000 ⑤ 28000					
完成工事補償引当金		10600	⑫ 1600					★9000
退職給付引当金		494000		⑩ 30000 ⑪ 36000				★560000
資本金		1000000						1000000
繰越利益剰余金		160000						160000
完成工事高		6000000				6000000		
完成工事原価	4960000		⑬ 5000		★4965000			
販売費及び一般管理費	356000		③ 14000 ⑨ 38000 ⑩ 30000		★438000			
受取利息		2000				2000		
支払利息	24000				24000			
	9809000	9809000						
雑収入				① 10000		★10000		
貸倒引当金繰入額			⑥ 24000 ⑦ 2000		★26000			
未払金				③ 2000				★2000
未払法人税等				⑭ 87700				★87700
法人税、住民税及び事業税			⑭ 167700		★167700			
			385300	385300	5620700	6012000	4412400	4021100
当期（純利益）					391300	――――★――――		391300
					6012000	6012000	4412400	4412400

＊　当期純利益はＰ／Ｌ・Ｂ／Ｓともに正解で ★

＊　上記の○番号は、解説の仕訳の番号と対応しています。

採点基準：★… ２ 点×15＝30点

（解　説）

(1)　現金過不足の処理

現金期末有高￥524,000－現金帳簿残高￥514,000＝￥10,000（過剰）

①	（借）現　金	10,000	（貸）雑　収　入	10,000

(2)　仮設材料の評価額の処理

すくい出し方式を採用しているため、仮設材料の支出額を全額、「未成工事支出金」に計上しています。仮設材料の評価額があるため、その分を「材料貯蔵品」に振り替えます。

②	（借）材料貯蔵品	5,000	（貸）未成工事支出金	5,000

(3)　仮払金の処理

実費との差額￥2,000を従業員が立て替えているため、「未払金」で処理します。仮払金￥12,000と従業員が立て替えた￥2,000との合計額を「販売費及び一般管理費」で処理します。

③	（借）販売費及び一般管理費	14,000	（貸）仮　払　金	12,000
			未　払　金	2,000

￥80,000は法人税等の中間納付額なので、(10)において処理します。

(4)　仮受金の処理

完成工事の未収代金の回収分なので、「完成工事未収入金」を減少させます。

④	（借）仮　受　金	14,000	（貸）完成工事未収入金	14,000

工事契約による前受金なので、「未成工事受入金」を増加させます。

⑤	（借）仮　受　金	28,000	（貸）未成工事受入金	28,000

(5)　貸倒引当金の計上（差額補充法）

貸倒懸念債権の￥48,000については、回収不能と見込まれる金額を個別に計上します。

貸倒懸念債権に対する設定額：￥24,000

⑥	（借）貸倒引当金繰入額	24,000	（貸）貸倒引当金	24,000

貸倒懸念債権を除く一般債権：（￥908,000＋￥1,204,000－￥14,000－￥48,000）×２％＝￥41,000

（￥908,000：受取手形、￥1,204,000－￥14,000：完成工事未収入金、￥48,000：貸倒懸念債権）

貸倒引当金の残高：￥39,000

差額：￥41,000－￥39,000＝￥2,000

⑦	（借）貸倒引当金繰入額	2,000	（貸）貸倒引当金	2,000

⑹　減価償却費の計上

機械装置（工事現場用）

予定計上額：￥6,000×12か月＝￥72,000　　　　　実際発生額：￥82,000

差額：￥82,000－￥72,000＝△￥10,000（不足）

⑧（借）未成工事支出金	10,000	（貸）機械装置減価償却累計額	10,000

備品（本社用）　定額法

￥190,000÷５年＝￥38,000

⑨（借）販売費及び一般管理費	38,000	（貸）備品減価償却累計額	38,000

⑺　退職給付引当金の計上

管理部門

当期中に管理部門から退職者が発生し、その退職金の支払いは「退職給付引当金」で処理されているので、前期末の自己都合要支給額から￥6,000を差し引いた金額が繰入前の残高となります。

繰入前の残高：￥170,000－￥6,000＝￥164,000

当期繰入額：￥194,000－￥164,000＝￥30,000

管理部門に対する当期繰入額は「販売費及び一般管理費」で処理します。

⑩（借）販売費及び一般管理費	30,000	（貸）退職給付引当金	30,000

施工部門

当期繰入額：￥366,000－￥330,000＝￥36,000

⑪（借）未成工事支出金	36,000	（貸）退職給付引当金	36,000

⑻　完成工事補償引当金の計上（差額補充法）

設定額：￥6,000,000×0.15％＝￥9,000

完成工事補償引当金の残高：￥10,600

「設定額＜完成工事補償引当金の残高」となるので、差額を工事原価（未成工事支出金）から減算します。

差額：￥10,600－￥9,000＝￥1,600

⑫（借）完成工事補償引当金	1,600	（貸）未成工事支出金	1,600

⑼　完成工事原価の算定

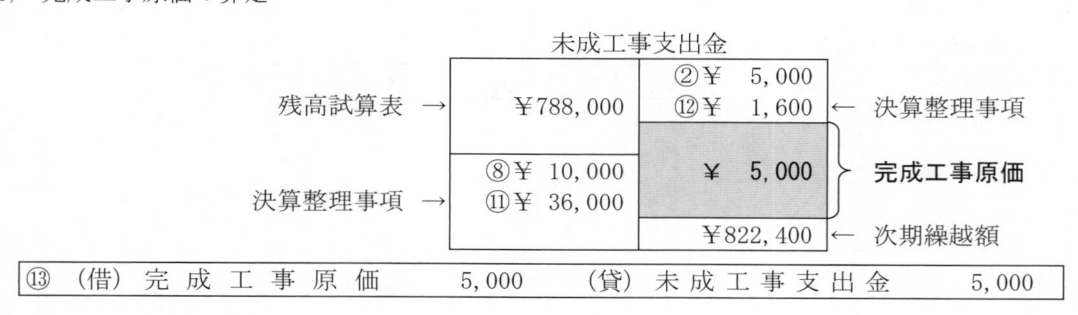

⑬（借）完成工事原価	5,000	（貸）未成工事支出金	5,000

(10) 法人税、住民税及び事業税の計上（損益計算書欄より）

	費　　用	収　　益	
完成工事原価 →	￥4,965,000	￥6,000,000	← 完成工事高
販売費及び一般管理費 →	￥　438,000	￥　2,000	← 受取利息
支払利息 →	￥　24,000	￥　10,000	← 雑収入
貸倒引当金繰入額 →	￥　26,000		
税引前当期純利益 →	￥　559,000		

法人税、住民税及び事業税：￥559,000×30％＝￥167,700

未払法人税等：￥167,700－￥80,000＝￥87,700
（￥80,000：(3)の中間納付額）

⑭	(借) 法人税、住民税及び事業税	167,700	(貸) 仮払金	80,000
			未払法人税等	87,700

当期純利益：￥559,000－￥167,700＝￥391,300

第7回

〔第１問〕

No.	借方			貸方			
	記号	勘定科目	金額	記号	勘定科目	金額	
(例)	B	当座預金	100000	A	現金	100000	
(1)	B	当座預金	795760	G	投資有価証券	749000	★
				W	投資有価証券売却益	46760	
(2)	M	完成工事補償引当金	1064000	H	支払手形	1064000	★
(3)	E	建設仮勘定	8120000	C	未成工事支出金	8120000	★
(4)	T	繰越利益剰余金	2520000	Q	未払配当金	2400000	★
				S	利益準備金	120000	
(5)	U	労務費	1228500	L	預り金	136500	★
				A	現金	1092000	

採点基準：★… ４ 点× ５ ＝20点

（解　説）

(1)　取引関係の強化を目的としているので、買入時に「投資有価証券」で処理しています。

買入時

総額：@￥520×4,200株＋￥63,000＝￥2,247,000

単価：￥2,247,000÷4,200株＝@￥535

売却時

売却価額：@￥580×1,400株－￥16,240＝￥795,760

帳簿価額：@￥535×1,400株＝￥749,000

売却損益：￥795,760－￥749,000＝￥46,760 → 売却益

(2)　「補修に係る支出額＜完成工事補償引当金」なので、支出額の全額、完成工事補償引当金を取り崩します。

(3)　受注した工事と同様の会計処理を行っているので、「未成工事支出金」で処理しています。自家用の材料倉庫を建設中なので、「建設仮勘定」に振り替えます。

(4)　資本準備金と利益準備金の合計額が、資本金の４分の１に達するまで、株主配当金の10分の１を準備金（繰越利益剰余金を原資としているため利益準備金）に積み立てます。

①　準備金の積立上限額

$$￥18,000,000（資本金）\times \frac{1}{4} －￥4,380,000（資本準備金と利益準備金の合計額）＝￥120,000$$

②　株主配当金の10分の１

$$￥2,400,000\times \frac{1}{10} ＝￥240,000$$

①＜②より、利益準備金の積立額は￥120,000となります。

(5)　所得税及び社会保険料の預り額は、預り金勘定で処理します。預り額￥136,500と現金支払額￥1,092,000の合計が賃金総額となり、労務費勘定で処理します。

労務費：￥136,500＋￥1,092,000＝￥1,228,500

〔第２問〕

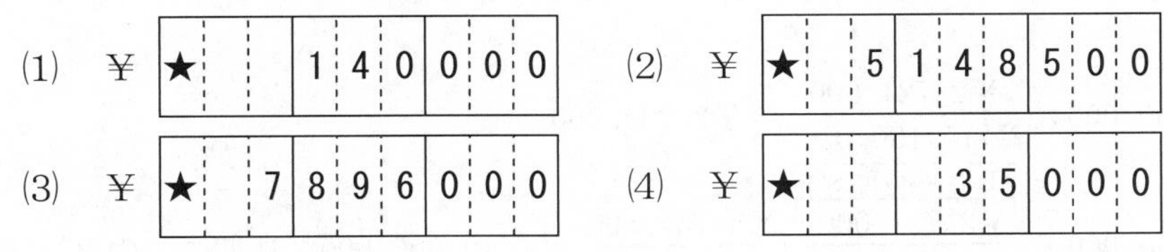

(1) ￥ ★ 140000　(2) ￥ ★ 5148500
(3) ￥ ★ 789600 0　(4) ￥ ★ 35000

採点基準：★… ３ 点× ４ ＝12点

（解　説）

⑴　売却価額と売却時の帳簿価額との差額が売却損益となります。取得時から前期末まで６年経過しています。また、当期末に売却しているので、１年分の減価償却が必要となります。

１年分の償却額：￥2,800,000（取得価額）÷10年＝￥280,000

機械装置減価償却累計額：￥280,000×６年＝￥1,680,000

売却時の帳簿価額：￥2,800,000（取得価額）－￥1,680,000（減価償却累計額）－￥280,000（減価償却費）＝￥840,000

固定資産売却益：￥980,000（売却価額）－￥840,000（帳簿価額）＝￥**140,000**（益）

（借）		（貸）	
機械装置減価償却累計額	1,680,000	機械装置	2,800,000
減価償却費	280,000	固定資産売却益	**140,000**
現金など	980,000		

⑵　仕入高から仕入値引と仕入割戻を差し引いた金額が、当期の純仕入高となります。仕入割引は営業外収益として計上することになるので注意しましょう。なお、異常な原因による棚卸減耗損は、原価性がないと考え、営業外費用または特別損失として計上することになります。

甲材料

期首 ￥641,200	消費高 ￥**5,148,500**（貸借差額）
仕入高 ￥5,425,000	
仕入値引 △￥119,000	棚卸減耗損 ￥128,800
仕入割戻 △￥129,500	実地棚卸高 ￥540,400

純仕入高 ￥5,176,500（仕入高・仕入値引・仕入割戻）

⑶　前期から工事進行基準を適用しているため、当期の完成工事高を計算するには、先に前期の完成工事高を計算する必要があります。

前期　完成工事高：¥16,800,000× $\dfrac{¥2,721,600}{¥15,120,000}$ ＝¥3,024,000

工事進捗度18%

当期　完成工事高：¥16,800,000× $\dfrac{¥2,721,600＋¥8,164,800}{¥15,120,000}$ ＝¥12,096,000（当期までの累計額）

工事進捗度72%

¥12,096,000－¥3,024,000＝¥9,072,000

前期の完成工事高

また、着手前の受入金が¥4,200,000あることから、当期首において未成工事受入金が¥1,176,000あります。

未成工事受入金の残高：¥4,200,000－¥3,024,000＝¥1,176,000

よって、先に未成工事受入金の残高を減少させ、残額は完成工事未収入金勘定で処理します。

完成工事未収入金：¥9,072,000－¥1,176,000＝**¥7,896,000**

（借）	未成工事受入金	1,176,000	（貸）完成工事高	9,072,000
	完成工事未収入金	**7,896,000**		

⑷　会計基準が定める、のれん償却の最長期間は20年です。

買収額：¥7,000,000

受け入れた諸資産と諸負債の差額：¥10,150,000－¥3,850,000＝¥6,300,000

のれん：¥7,000,000－¥6,300,000＝¥700,000

のれんの１年分の償却額：¥700,000÷20年＝**¥35,000**

〔第３問〕

問１

工事間接費予算額　¥ 5670000 ★

問２

工事間接費配賦額　¥ 48150 ★

問３

工事間接費配賦差異　¥ 20700 ☆

記号（ＡまたはＢ）　B

＊　工事間接費配賦差異は、金額及び記号ともに正解で☆

採点基準：★… ５ 点× ２ ＝10点

☆… ４ 点× １ ＝ ４点

合計　14点

（解　説）

問１

＜資料＞⑴、⑵を用いて、当会計期間の工事間接費予算額を求めます。なお、工事間接費を各工事に直接原価基準で予定配賦していることに注意しましょう。

⑴当会計期間の工事間接費予定配賦率：2.4％

⑵当会計期間の直接原価の総発生見積額の合計

¥90,885,000（材料費）＋¥48,607,500（労務費）＋¥73,132,500（外注費）＋¥23,625,000（直接経費）＝¥236,250,000

当会計期間の工事間接費予算額：¥236,250,000×2.4％＝**¥5,670,000**

問２

＜資料＞⑴、⑷を用いて、当月のＹ工事への工事間接費配賦額を求めます。

⑴当会計期間の工事間接費予定配賦率：2.4％

⑷Ｙ工事の当月の直接原価の発生額の合計

¥535,950（材料費）＋¥538,500（労務費）＋¥683,550（外注費）＋¥248,250（直接経費）＝¥2,006,250

当月のＹ工事への工事間接費配賦額：¥2,006,250×2.4％＝**¥48,150**

問３

＜資料＞⑴、⑶、⑷、⑸を用いて、当月の工事間接費配賦差異の月末残高を求めます。

⑴当会計期間の工事間接費予定配賦率：2.4％

⑶工事間接費配賦差異の前月末残高：¥12,300（借方残高）

⑷当月の直接原価の発生額の合計

¥7,420,500（材料費）＋¥4,542,900（労務費）＋¥6,150,300（外注費）＋¥2,188,800（直接経費）＝¥20,302,500

⑸　当月の工事間接費（実際発生額）：¥454,260

当月の工事間接費配賦額：¥20,302,500×2.4％＝¥487,260

当月の工事間接費配賦差異：¥487,260（予定配賦額）－¥454,260（実際発生額）＝¥33,000（貸方差異）

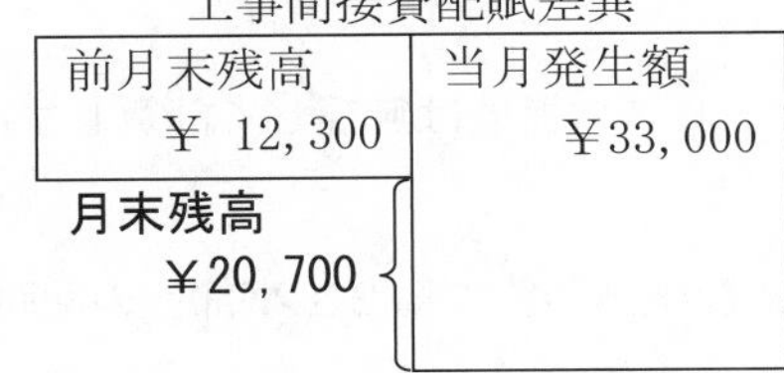

残高が貸方となるため「**B**」

〔第４問〕

問１　記号（ア～コ）

1	2	3	4
カ	ク	キ	オ
☆	☆	☆	☆

問２

部門費振替表

（単位：円）

摘　　要	第１工事部	第２工事部	第３工事部	機械部門	車両部門	材料管理部門
部門費合計	2292000	1777500	1267500	★ 157500	48000	67500
機械部門費	70875	51975	34650			
車両部門費	24000	18240	5760			
材料管理部門費	27000	★ 21600	18900			
合　　計	★ 2413875	1869315	★ 1326810			

採点基準：★… ４ 点× ４ ＝16点

☆… ２ 点× ４ ＝ 8点

合計　24点

（解　説）

問１

１．原価は、**経済価値**の消費である。

２．原価は、経営において作り出された**一定の給付**に転嫁される価値である。

３．原価は、**経営目的**に関連したものである。

４．原価は、**正常的**なものである。

問２

直接配賦法により施工部門に配賦するため、補助部門間のサービスの提供は無視して計算します。

機械部門費の配賦

機械部門の原価発生額は「？」となっていますが、答案用紙に機械部門費の第２工事部への配賦額が与えられているので、「？」の金額を推定することができます。

「？」×33％＝￥51,975

「？」＝￥51,975÷33％＝**￥157,500**（機械部門の原価発生額）

機械部門の原価発生額が判明したので、第１工事部及び第３工事部への配賦額を計算します。

第１工事部への配賦額：￥157,500×45％＝**￥70,875**

第３工事部への配賦額：￥157,500×22％＝**￥34,650**

車両部門費の配賦

第１工事部への配賦額：￥48,000×50%＝**￥24,000**

第２工事部への配賦額：￥48,000×38%＝**￥18,240**

第３工事部への配賦額：￥48,000×12%＝**￥ 5,760**

材料管理部門費の配賦

材料管理部門の第２工事部及び第３工事部へのサービス提供度合は「？」となっていますが、答案用紙に第２工事部の合計が与えられているので、「？」のサービス提供度合を推定することができます。

摘　要	第２工事部
部門費合計	1,777,500
機械部門費	51,975
車両部門費	18,240
材料管理部門費	**21,600** ←差額により算定
合　計	1,869,315

￥67,500×「？」%＝￥21,600

「？」%＝￥21,600÷￥67,500＝0.32 → 32%（第２工事部へのサービス提供度合）

第２工事部へのサービス提供度合が判明したので、第３工事部へのサービス提供度合も分かります。

100%－40%－32%＝28%（第３工事部へのサービス提供度合）

材料管理部門の各工事部へのサービス提供度合が判明したので、第１工事部及び第３工事部への配賦額を計算します。

第１工事部への配賦額：￥67,500×40%＝**￥27,000**

第３工事部への配賦額：￥67,500×28%＝**￥18,900**

第8回

〔第5問〕

精　算　表

(単位：円)

勘定科目	残高試算表		整理記入		損益計算書		貸借対照表	
	借方	貸方	借方	貸方	借方	貸方	借方	貸方
現金	6450						6450	
当座預金	183750						183750	
受取手形	1311000						1311000	
完成工事未収入金	1929000						1929000	
貸倒引当金		58800		⑦ 6000				64800
有価証券	146700			① 1200 ② 48000			97500	
未成工事支出金	1099500		⑨ 78000 ⑩ 7500 ⑪ 4350	④ 3000 ⑬ 2400			1183950	
材料貯蔵品	68700						68700	
仮払金	76800			③ 6300 ⑭ 70500				
前払費用	3000		⑫ 18000				★ 21000	
機械装置	630000						630000	
機械装置減価償却累計額		435000	④ 3000					★ 432000
備品	75000						75000	
備品減価償却累計額		48000		⑤ 10800				★ 58800
支払手形		1059300						1059300
工事未払金		940500		⑩ 7500				★ 948000
借入金		534000						534000
未成工事受入金		354000						354000
仮受金		78000	⑥ 78000					
完成工事補償引当金		11400	③ 6300	⑪ 4350				★ 9450
退職給付引当金		649500		⑧ 36000 ⑨ 78000				★ 763500
資本金		750000						750000
繰越利益剰余金		180000						180000
完成工事高		4725000				4725000		
完成工事原価	4119000		⑬ 2400		★ 4121400			
販売費及び一般管理費	174000		⑤ 10800 ⑧ 36000	⑫ 48000	★ 172800			
受取利息配当金		7800				7800		
支払利息	8400				8400			
	9831300	9831300						
有価証券評価(損)			① 1200		★ 1200			
長期前払費用			⑫ 30000				★ 30000	
償却債権取立益				⑥ 78000		★ 78000		
貸倒引当金繰入額			⑦ 6000		★ 6000			
子会社株式			② 48000				★ 48000	
未払法人税等				⑭ 79800				★ 79800
法人税、住民税及び事業税			⑭ 150300		★ 150300			
			479850	479850	4460100	4810800	5584350	5233650
当期(純利益)					350700			350700
					4810800	4810800	5584350	5584350

＊　上記の○番号は、解説の仕訳の番号と対応しています。

採点基準：★… 2 点×15＝30点

（解　説）

⑴　有価証券の評価替えと子会社株式の振替え

有価証券評価（損）：￥97,500（期末時価）－￥98,700（帳簿価額）＝△￥1,200（評価損）

①（借）有価証券評価損	1,200	（貸）有価証券	1,200

子会社の株式は「子会社株式」に振り替えます。

②（借）子会社株式	48,000	（貸）有価証券	48,000

⑵　仮払金の処理

￥6,300は過年度の完成工事に関する瑕疵担保責任による補修のための支出なので、「完成工事補償引当金」を取り崩します。

③（借）完成工事補償引当金	6,300	（貸）仮払金	6,300

￥70,500は法人税等の中間納付額なので、⑾において処理します。

⑶　減価償却費の計上

機械装置（工事現場用）

予定計上額：￥11,000×12か月＝￥132,000

実際発生額：￥129,000

差額：￥132,000－￥129,000＝￥3,000（過剰）

④（借）機械装置減価償却累計額	3,000	（貸）未成工事支出金	3,000

備品（本社用）　定率法

（￥75,000－￥48,000）×0.400＝￥10,800

⑤（借）販売費及び一般管理費	10,800	（貸）備品減価償却累計額	10,800

⑷　仮受金の処理

過年度において貸倒損失として処理した完成工事未収入金の現金回収額なので、「償却債権取立益」で処理します。

⑥（借）仮受金	78,000	（貸）償却債権取立益	78,000

⑸　貸倒引当金の計上（差額補充法）

設定額：（￥1,311,000［受取手形］＋￥1,929,000［完成工事未収入金］）×２％＝￥64,800

貸倒引当金の残高：￥58,800

差額：￥64,800－￥58,800＝￥6,000

⑦（借）貸倒引当金繰入額	6,000	（貸）貸倒引当金	6,000

⑹　退職給付引当金の計上

本社事務職員

本社事務職員に対する当期繰入額は「販売費及び一般管理費」で処理します。

⑧	（借）	販売費及び一般管理費	36,000	（貸）	退職給付引当金	36,000

現場作業員

現場作業員に対する当期繰入額は工事原価に算入するので、「未成工事支出金」で処理します。

⑨	（借）	未成工事支出金	78,000	（貸）	退職給付引当金	78,000

⑺　工事未払金の処理

現場作業員の賃金の未払分を工事原価に算入するので、借方に「未成工事支出金」、貸方に「工事未払金」を計上します。

⑩	（借）	未成工事支出金	7,500	（貸）	工事未払金	7,500

⑻　完成工事補償引当金の計上（差額補充法）

設定額：￥4,725,000×0.2％＝￥9,450

完成工事補償引当金の残高：￥11,400－￥6,300＝￥5,100
（￥6,300：③より）

「設定額 ＞ 完成工事補償引当金の残高」となるので、差額を工事原価（未成工事支出金）に加算します。

差額：￥9,450－￥5,100＝￥4,350

⑪	（借）	未成工事支出金	4,350	（貸）	完成工事補償引当金	4,350

⑼　保険料の振替え

当期の12月１日に支払ったので、４か月分は当期の費用となり、32か月分は前払いとなります。また、１年基準を考慮するので、12か月分は「前払費用」、20か月分は「長期前払費用」で処理します。

１か月分の保険料：￥54,000÷36か月＝￥1,500

⑫	（借）	前払費用	18,000	（貸）	販売費及び一般管理費	48,000
		長期前払費用	30,000			

⑽　完成工事原価の算定

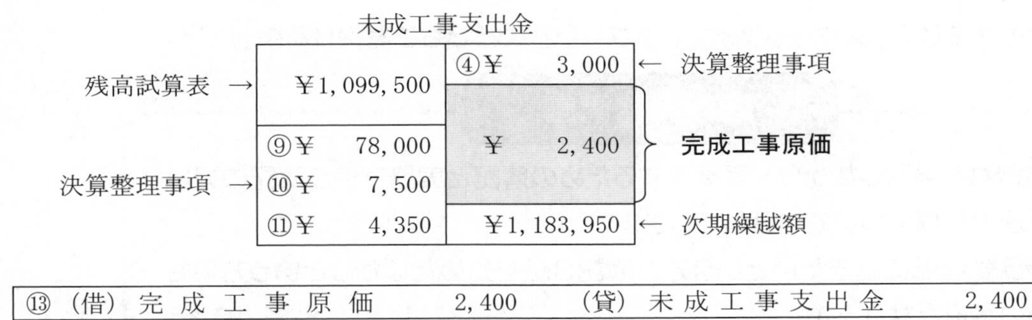

⑬	(借) 完成工事原価	2,400	(貸) 未成工事支出金	2,400

⑾　法人税、住民税及び事業税の計上（損益計算書欄より）

	費用	収益	
完成工事原価 →	¥4,121,400	¥4,725,000	← 完成工事高
販売費及び一般管理費 →	¥　172,800	¥　7,800	← 受取利息配当金
支払利息 →	¥　8,400	¥　78,000	← 償却債権取立益
有価証券評価損 →	¥　1,200		
貸倒引当金繰入額 →	¥　6,000		
税引前当期純利益 →	¥　501,000		

法人税、住民税及び事業税：¥501,000×30%＝¥150,300

未払法人税等：¥150,300－¥70,500＝¥79,800
（¥70,500：⑵の中間納付額）

⑭	(借) 法人税、住民税及び事業税	150,300	(貸) 仮払金	70,500
			未払法人税等	79,800

当期純利益：¥501,000－¥150,300＝¥350,700

第8回

実務について学びたい方におススメ！

堀川先生による動画講義のご案内

パソコンだけでなく、スマートフォンやタブレットなどでもご覧頂ける講義です。

経理実務講座

- 実務の流れを学習しながら、受験をするための簿記と実務で使う簿記の違いや、経理の仕事について学習していきます。
- これから経理職に就きたいという方、簿記3級を始めたばかりという方にもお勧めの講座となります。

講義時間：約 2 時間 40 分

建設業の原価計算講座

- 原価という概念・原価計算の方法・建設業の工事原価・製造原価を通して、原価管理の方法を学習していきます。
- 原価に関係のあるお仕事を担当される方、建設業の経理に就かれる方にお勧めの講座となります。

講義時間：約 3 時間 15 分

詳しい内容・受講料金はこちら

https://tlp.edulio.com/net-school2/cart/index/tab:569

視聴にともなう通信料等はお客様のご負担となります。あらかじめご了承ください。
また、講義の内容などは予告なく変更となる場合がございます。（2024年 3 月現在）

解　答　用　紙

〈解答用紙ご利用時の注意〉

この色紙を残したままていねいに抜き取り、ご利用ください。なお、抜取りのさいの損傷についてのお取替えはご遠慮願います。

＊ご自分の学習進度に合わせて，コピーしてお使いください。
なお，解答用紙はダウンロードサービスもご利用いただけます。
ネットスクールＨＰの『読者の方へ』にアクセスしてください。
https://www.net-school.co.jp/

解答にあたっての注意事項

1．解答は、解答用紙に指定された解答欄内に記入してください。解答欄外に記入されているものは採点しません。

2．金額の記入にあたっては、以下のとおりとし、１ますごとに数字を記入してください。

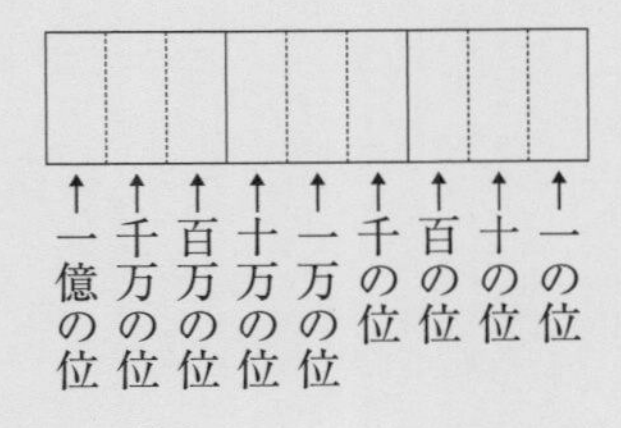

3．解答は、指定したワク内に明瞭に記入してください。判読し難い文字が記入されている場合、その解答欄については採点しません。

4．消費税については、設問で消費税に関する指示がある場合のみ、これを考慮した解答を作成してください。

解答用紙

ネットスクール出版

〔第１問〕

仕訳　記号（A～X）も必ず記入のこと

No.	借方			貸方		
	記号	勘定科目	金額	記号	勘定科目	金額
(例)	B	当座預金	100000	A	現金	100000
(1)						
(2)						
(3)						
(4)						
(5)						

〔第２問〕

(1)　¥ 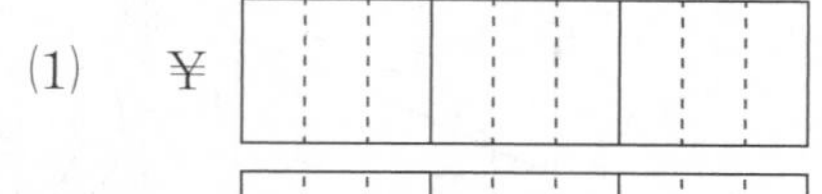

(2)　¥ 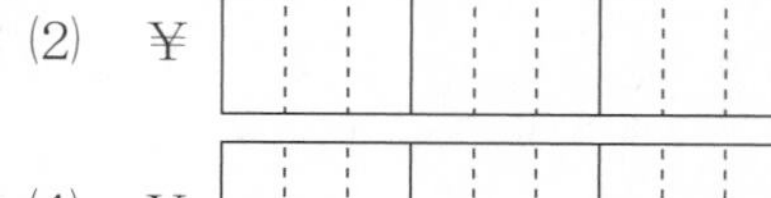

(3)　¥ 

(4)　¥

〔第3問〕

部門費振替表

（単位：円）

摘　要	合　計	第1部門	第2部門	車両部門	機械部門	材料管理部門
部門費合計	1,500,000	590,540	479,370	135,020	201,030	94,040
（第1次配賦）						
車両部門				—		
機械部門					—	
材料管理部門						—
（第2次配賦）						
車両部門						
機械部門						
材料管理部門						
合　計						
配賦金額						

〔第4問〕

問1　記号（A～F）

1	2	3	4

問2

完成工事原価報告書

（単位：円）

Ⅰ. 材料費

Ⅱ. 労務費

Ⅲ. 外注費

Ⅳ. 経　費

完成工事原価

工事間接費配賦差異月末残高　¥

記号（AまたはB）

〔第5問〕

精　算　表

(単位：円)

勘定科目	残高試算表		整理記入		損益計算書		貸借対照表	
	借方	貸方	借方	貸方	借方	貸方	借方	貸方
現金	327980							
当座預金	455000							
受取手形	1326000							
完成工事未収入金	715000							
仮払金	45500							
貸倒引当金		23400						
未成工事支出金	2925000							
材料貯蔵品	192400							
機械装置	2145000							
機械装置減価償却累計額		759000						
備品	1742000							
備品減価償却累計額		250250						
支払手形		1269000						
工事未払金		1095900						
借入金		1222000						
未成工事受入金		546000						
完成工事補償引当金		4550						
退職給付引当金		1682200						
資本金		2000000						
完成工事高		9815000						
完成工事原価	6981000							
販売費及び一般管理費	1775950							
支払利息	36470							
	18667300	18667300						
前払賃借料								
不渡手形								
旅費交通費								
貸倒引当金繰入額								
未払法人税等								
法人税、住民税及び事業税								
当期（　　　）								

〔第１問〕

仕訳　記号（A～X）も必ず記入のこと

No.	借方			貸方		
	記号	勘定科目	金額	記号	勘定科目	金額
（例）	B	当座預金	100000	A	現　金	100000
(1)						
(2)						
(3)						
(4)						
(5)						

〔第２問〕

(1)　¥ 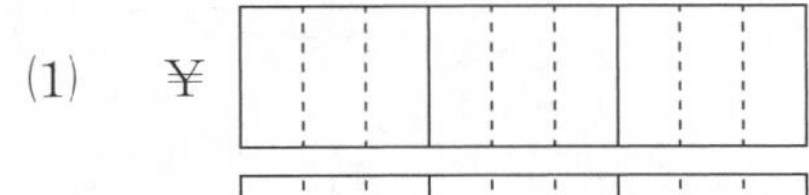

(2)　¥ 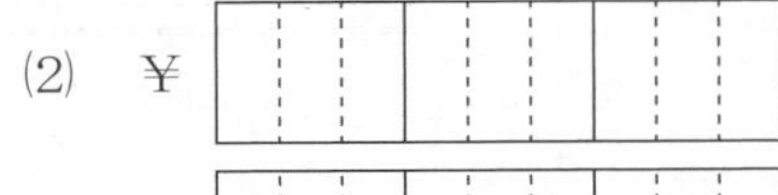

(3)　¥ 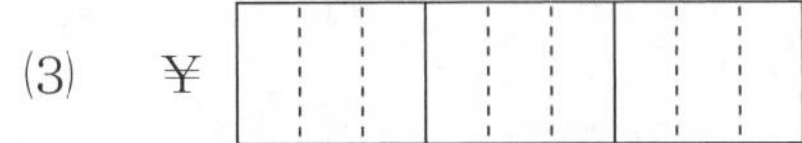

(4)　¥ 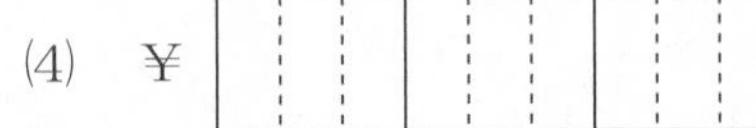

〔第3問〕

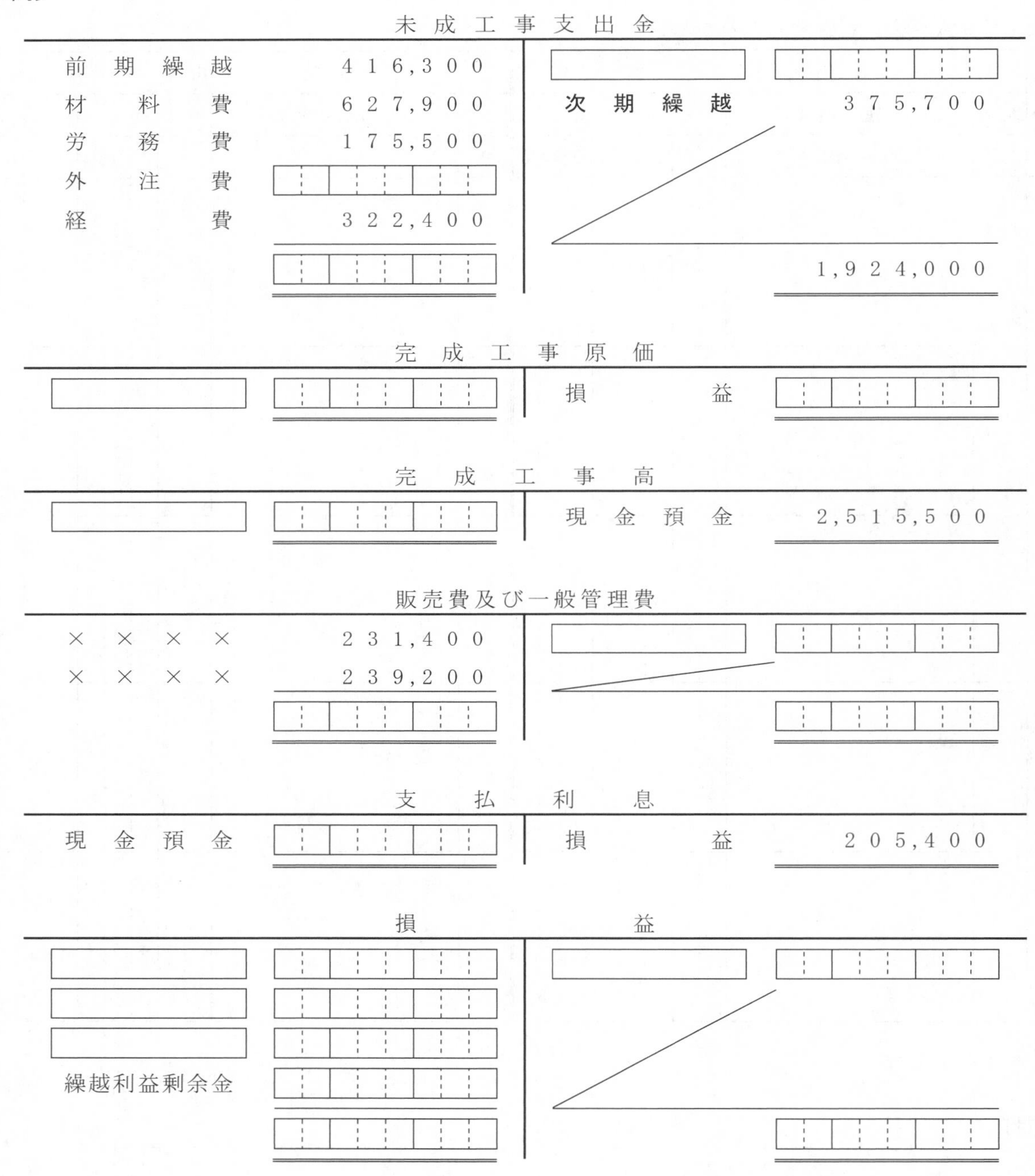

未成工事支出金

前期繰越	416,300		
材料費	627,900	次期繰越	375,700
労務費	175,500		
外注費			
経費	322,400		
			1,924,000

完成工事原価

		損益	

完成工事高

		現金預金	2,515,500

販売費及び一般管理費

××××	231,400		
××××	239,200		

支払利息

現金預金		損益	205,400

損益

繰越利益剰余金			

〔第４問〕

問１　記号（A～D）

1	2	3	4

問２

工事別原価計算表

（単位：円）

摘　　要	X工事	Y工事	Z工事	計
月初未成工事原価		—	—	
当月発生工事原価				
材　料　費	—			
労　務　費				
外　注　費				
直接経費				
工事間接費				
当月完成工事原価			—	
月末未成工事原価	—	—		

工事間接費配賦差異　　¥　　　　記号（AまたはB）

〔第5問〕

精　算　表

（単位：円）

勘定科目	残高試算表		整理記入		損益計算書		貸借対照表	
	借方	貸方	借方	貸方	借方	貸方	借方	貸方
現金	187460							
当座預金	927450							
受取手形	440700							
完成工事未収入金	908300							
仮払金	85150							
貸倒引当金		8710						
未成工事支出金	737230							
材料貯蔵品	772720							
機械装置	1200000							
機械装置減価償却累計額		229580						
車両運搬具	959400							
車両運搬具減価償却累計額		106600						
備品	273000							
備品減価償却累計額		84500						
支払手形		168000						
工事未払金		182000						
借入金		183300						
未成工事受入金		159900						
仮受金		518700						
完成工事補償引当金		7280						
退職給付引当金		25740						
資本金		3900000						
完成工事高		7510000						
完成工事原価	6361270							
販売費及び一般管理費	223700							
支払利息	7930							
	13084310	13084310						
雑損失								
前払保険料								
前渡金								
貸倒引当金繰入額								
未払法人税等								
法人税、住民税及び事業税								
当期純利益								

〔第１問〕

仕訳　記号（A～X）も必ず記入のこと

No.	借方			貸方		
	記号	勘定科目	金額	記号	勘定科目	金額
(例)	B	当座預金	100000	A	現金	100000
(1)						
(2)						
(3)						
(4)						
(5)						

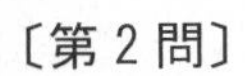

〔第２問〕

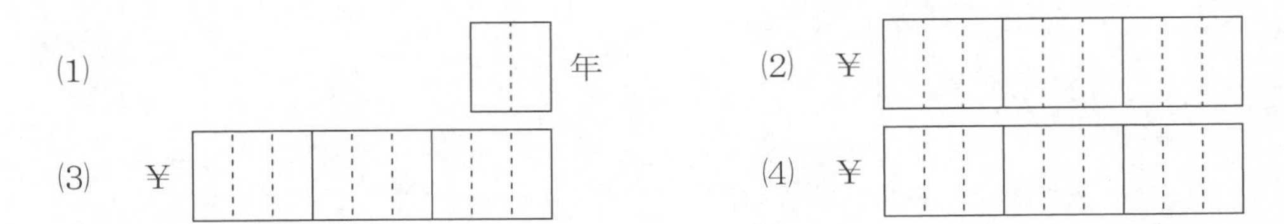

(1)　　年　　(2)　¥

(3)　¥　　(4)　¥

〔第3問〕

問1

(A) ￥　　(B) ￥

(C) ￥　　(D) ￥

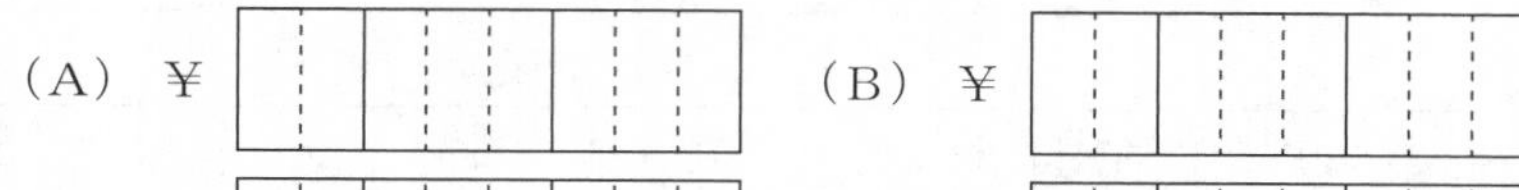

問2

(A) ￥　　(B) ￥

(C) ￥　　(D) ￥

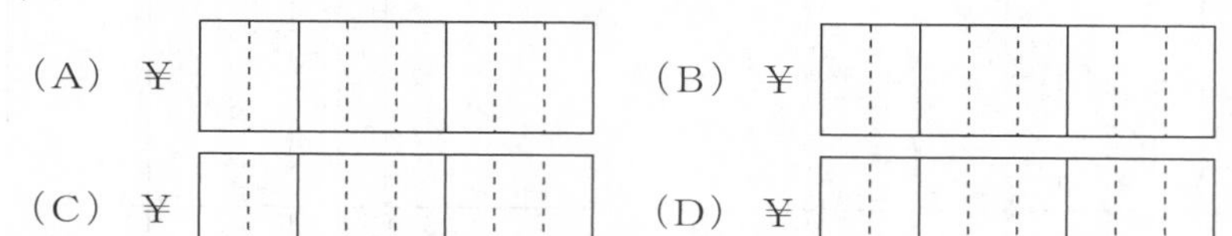

〔第4問〕

問1　記号（A～E）

1	2	3	4	5

問２

甲部門費

借方	金額	貸方	金額
諸口	42,659		

乙部門費

借方	金額	貸方	金額
諸口	35,837		
		現場共通費配賦差異	

現場共通費配賦差異

借方	金額	貸方	金額
前月繰越			
		次月繰越	

未成工事支出金

借方	金額	貸方	金額
前月繰越			
材料費		次月繰越	
	179,500		
外注費	180,550		
直接経費			
乙部門費			

完成工事原価報告書
自　×3年9月1日
至　×3年9月30日

（単位：円）

Ⅰ．材料費	
Ⅱ．労務費	
Ⅲ．外注費	
Ⅳ．経　費	
完成工事原価	

〔第5問〕

精　算　表

(単位：円)

勘定科目	残高試算表		整理記入		損益計算書		貸借対照表	
	借方	貸方	借方	貸方	借方	貸方	借方	貸方
現金預金	187400							
受取手形	875000							
完成工事未収入金	835000							
貸倒引当金		30000						
未成工事支出金	850000							
材料貯蔵品	132000							
仮払金	300000							
建物	750000							
建物減価償却累計額		400000						
機械装置	688000							
機械装置減価償却累計額		315000						
備品	480000							
備品減価償却累計額		192000						
投資有価証券	250000							
支払手形		370000						
工事未払金		560000						
借入金		290000						
未成工事受入金		250000						
完成工事補償引当金		6700						
退職給付引当金		380000						
資本金		1000000						
繰越利益剰余金		182000						
完成工事高		6010000						
受取利息配当金		1500						
完成工事原価	3719800							
販売費及び一般管理費	882000							
支払利息	38000							
	9987200	9987200						
不渡手形								
前払保険料								
未払金								
未払法人税等								
法人税、住民税及び事業税								
当期(　　　　)								

〔第1問〕

仕訳　記号（A～X）も必ず記入のこと

No.	借方			貸方		
	記号	勘定科目	金額	記号	勘定科目	金額
(例)	B	当座預金	100000	A	現金	100000
(1)						
(2)						
(3)						
(4)						
(5)						

〔第2問〕

(1)　¥ 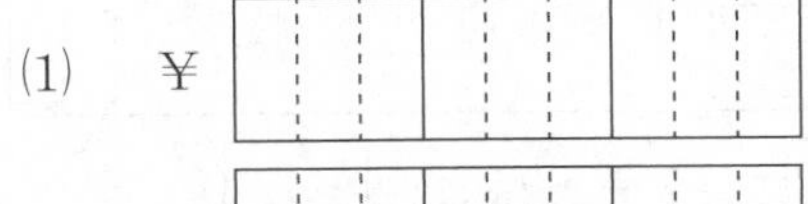

(2)　¥ 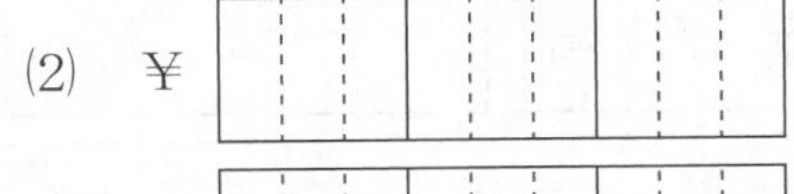

(3)　¥ 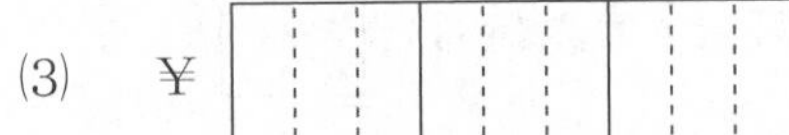

(4)　¥

〔第３問〕

部門費振替表

（単位：円）

摘要	合計	第１部門	第２部門	車両部門	機械部門	材料管理部門
部門費合計	7,438,060	3,384,565	2,616,887	343,798	491,976	600,834
材料管理部門費	（　）					
機械部門費	（　）					
車両部門費	（　）					
合計	7,438,060					

〔第４問〕

問１　記号（Ａ～Ｃ）

1	2	3	4

問２

工事別原価計算表

（単位：円）

摘要	Ｘ工事	Ｙ工事	Ｚ工事	計
月初未成工事原価			—	
当月発生工事原価				
材料費				
労務費				
外注費				
直接経費				
工事間接費				
当月完成工事原価		—		
月末未成工事原価	—		—	

工事間接費配賦差異月末残高　¥　　　　記号（ＡまたはＢ）

〔第5問〕

精算表

(単位：千円)

勘定科目	残高試算表		整理記入		損益計算書		貸借対照表	
	借方	貸方	借方	貸方	借方	貸方	借方	貸方
現金	1875							
別段預金	180000							
当座預金	57900							
受取手形	408000							
完成工事未収入金	666000							
仮払金	32250							
貸倒引当金		3150						
未成工事支出金	237705							
材料	72495							
機械装置	1200000							
機械装置減価償却累計額		608400						
備品	121500							
備品減価償却累計額		32700						
手形貸付金	225000							
支払手形		563000						
工事未払金		321750						
借入金		150000						
未成工事受入金		113700						
退職給付引当金		237855						
資本金		750000						
新株式申込証拠金		180000						
完成工事高		1392690						
完成工事原価	1053750							
販売費及び一般管理費	96350							
支払利息	420							
	4353245	4353245						
株式払込剰余金								
雑損失								
前払地代								
棚卸減耗損								
受取利息								
貸倒引当金繰入額								
未払法人税等								
法人税、住民税及び事業税								
当期(　　　)								

〔第1問〕

仕訳　記号（A～Y）も必ず記入のこと

No.	借方			貸方		
	記号	勘定科目	金額	記号	勘定科目	金額
(例)	B	当座預金	100000	A	現金	100000
(1)						
(2)						
(3)						
(4)						
(5)						

〔第2問〕

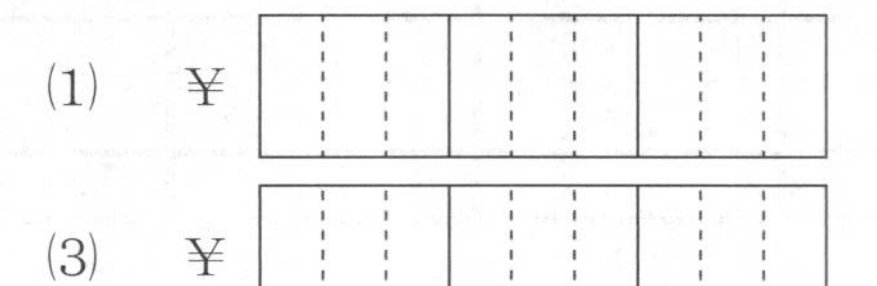

(1)　¥

(3)　¥

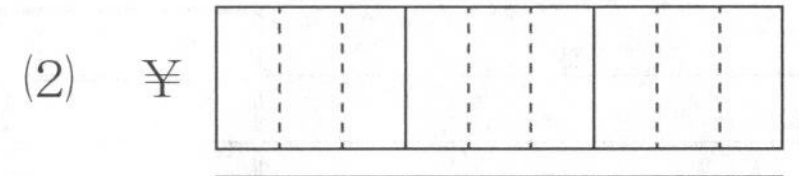

(2)　¥

(4)　¥

〔第3問〕

問1 ¥ 

問2 ¥ 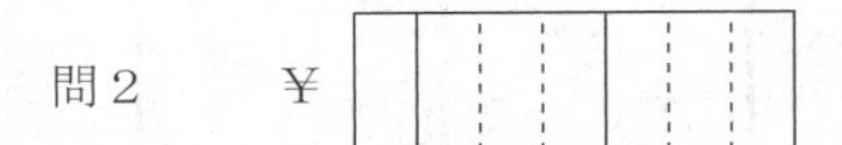

問3 ¥ 記号（AまたはB）

〔第4問〕

問1 記号（A～G）

1	2	3	4

問2

完成工事原価報告書

（単位：円）

Ⅰ. 材 料 費	
Ⅱ. 労 務 費	
Ⅲ. 外 注 費	
Ⅳ. 経 費	
完成工事原価	

未成工事支出金 ¥

現場共通費配賦差異 ¥ 記号（AまたはB）

〔第5問〕

精　算　表

（単位：円）

勘定科目	残高試算表		整理記入		損益計算書		貸借対照表	
	借方	貸方	借方	貸方	借方	貸方	借方	貸方
現金	71120							
当座預金	311300							
受取手形	795200							
完成工事未収入金	701800							
貸倒引当金		19800						
未成工事支出金	253540							
材料貯蔵品	30800							
仮払金	19800							
機械装置	584650							
機械装置減価償却累計額		155640						
備品	308000							
備品減価償却累計額		123200						
投資有価証券	418000							
支払手形		281600						
工事未払金		358600						
借入金		253000						
未成工事受入金		198000						
修繕引当金		6270						
完成工事補償引当金		4245						
退職給付引当金		913000						
資本金		385000						
繰越利益剰余金		193225						
完成工事高		6545000						
完成工事原価	4950880							
販売費及び一般管理費	951500							
受取利息配当金		1810						
支払利息	41800							
	9438390	9438390						
投資有価証券評価損								
未払法人税等								
法人税、住民税及び事業税								
当期（　　　　）								

〔第1問〕

仕訳　記号（A～X）も必ず記入のこと

No.	借方			貸方		
	記号	勘定科目	金額	記号	勘定科目	金額
(例)	B	当座預金	100000	A	現金	100000
(1)						
(2)						
(3)						
(4)						
(5)						

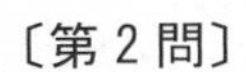
〔第2問〕

(1) ¥ 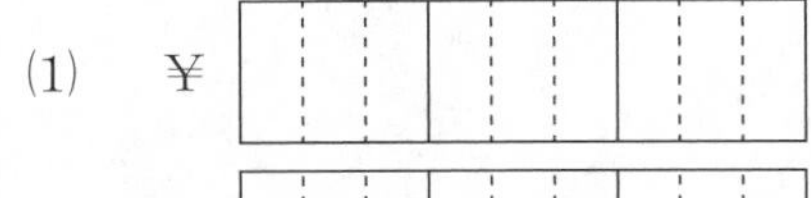

(2) ¥ 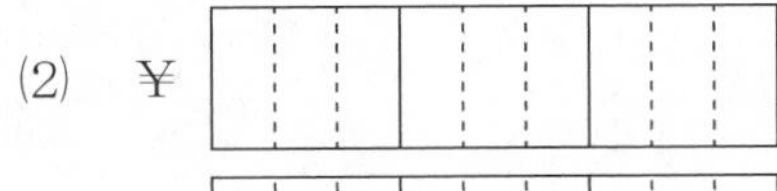

(3) ¥ 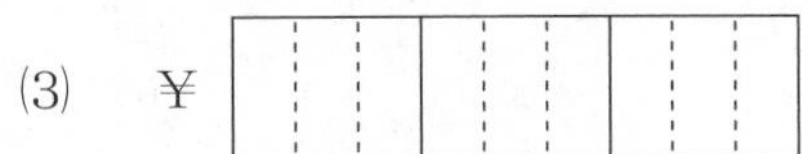

(4) ¥ 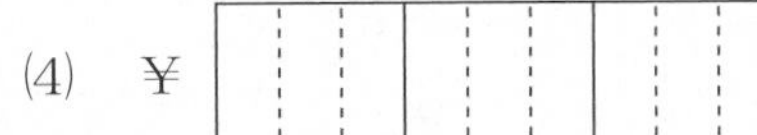

〔第3問〕

問1　記号（A～C）

1	2	3	4

問2

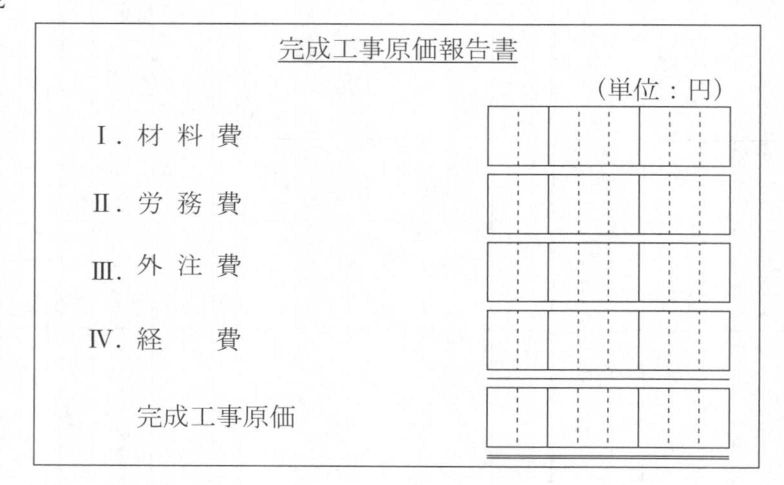

完成工事原価報告書

（単位：円）

Ⅰ．材料費

Ⅱ．労務費

Ⅲ．外注費

Ⅳ．経　費

完成工事原価

工事間接費配賦差異月末残高　¥　　　記号（AまたはB）

〔第4問〕

問1

問2

問3　　　記号（AまたはB）

〔第5問〕

精　算　表

（単位：円）

勘定科目	残高試算表 借方	残高試算表 貸方	整理記入 借方	整理記入 貸方	損益計算書 借方	損益計算書 貸方	貸借対照表 借方	貸借対照表 貸方
現金預金	149840							
受取手形	252000							
完成工事未収入金	780000							
貸倒引当金		19440						
有価証券	30400							
材料貯蔵品	28320							
未成工事支出金	349120							
仮払金	46480							
建物	780000							
建物減価償却累計額		390000						
車両運搬具	78400							
車両運搬具減価償却累計額		31360						
土地	292000							
支払手形		373520						
工事未払金		305200						
借入金		571680						
未成工事受入金		452000						
完成工事補償引当金		6560						
退職給付引当金		193520						
資本金		80000						
繰越利益剰余金		20000						
完成工事高		3880000						
完成工事原価	3351680							
販売費及び一般管理費	172240							
受取利息配当金		2160						
支払利息	14960							
	6325440	6325440						
前払費用								
貸倒引当金繰入額								
有価証券評価損								
未払法人税等								
法人税、住民税及び事業税								
当期（　　　　）								

〔第１問〕

仕訳　記号（A～X）も必ず記入のこと

No.	借方			貸方		
	記号	勘定科目	金額	記号	勘定科目	金額
(例)	B	当座預金	100000	A	現金	100000
(1)						
(2)						
(3)						
(4)						
(5)						

〔第２問〕

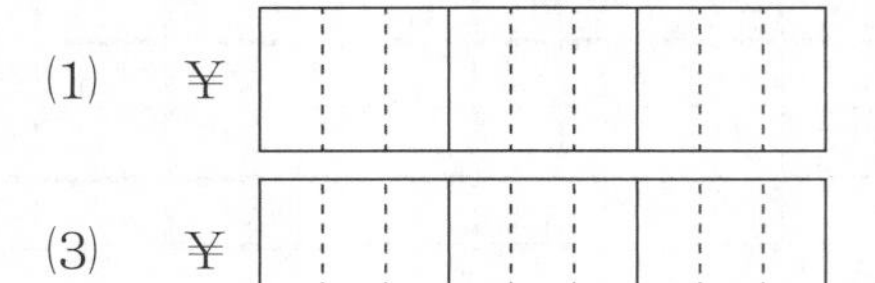

(1)　¥

(3)　¥

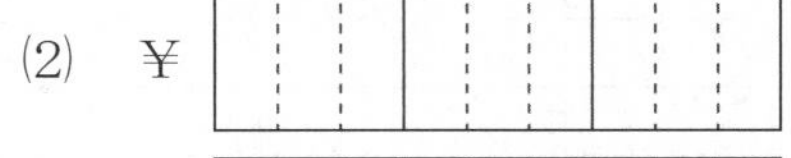

(2)　¥

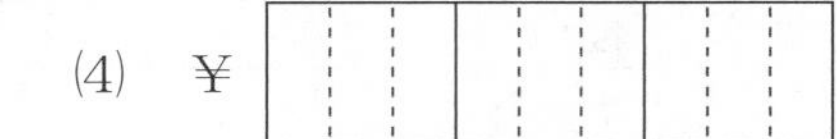

(4)　¥

〔第３問〕

部門費振替表

（単位：円）

摘要	工事名称		補助部門費		
	Ａ工事	Ｂ工事	仮設部門	車両部門	機械部門
工事直接費・部門費（内訳省略）	4,929,300				
仮設部門費					
車両部門費	207,315	473,685			
機械部門費					
補助部門費配賦額合計					
工事原価					

〔第４問〕

問１　記号（ＡまたはＢ）

1	2	3	4

問２

工事原価明細表

×３年12月

（単位：円）

	当月発生工事原価	当月完成工事原価
Ⅰ．材料費		
Ⅱ．労務費		
Ⅲ．外注費		
Ⅳ．経　費		
（うち人件費）	（　　）	（　　）
工事原価		

〔第5問〕

精　算　表

（単位：円）

勘定科目	残高試算表		整理記入		損益計算書		貸借対照表	
	借方	貸方	借方	貸方	借方	貸方	借方	貸方
現金	514000							
受取手形	908000							
完成工事未収入金	1204000							
貸倒引当金		39000						
未成工事支出金	788000							
材料貯蔵品	117000							
仮払金	92000							
機械装置	656000							
機械装置減価償却累計額		236000						
備品	190000							
備品減価償却累計額		114000						
支払手形		263400						
工事未払金		730000						
借入金		300000						
未成工事受入金		418000						
仮受金		42000						
完成工事補償引当金		10600						
退職給付引当金		494000						
資本金		1000000						
繰越利益剰余金		160000						
完成工事高		6000000						
完成工事原価	4960000							
販売費及び一般管理費	356000							
受取利息		2000						
支払利息	24000							
	9809000	9809000						
雑収入								
貸倒引当金繰入額								
未払金								
未払法人税等								
法人税、住民税及び事業税								
当期（　　　）								

〔第1問〕

仕訳　記号（A～X）も必ず記入のこと

No.	借方			貸方		
	記号	勘定科目	金額	記号	勘定科目	金額
(例)	B	当座預金	100000	A	現金	100000
(1)						
(2)						
(3)						
(4)						
(5)						

〔第2問〕

(1)　¥ 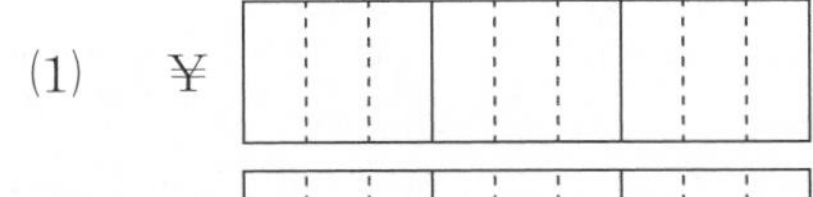

(2)　¥ 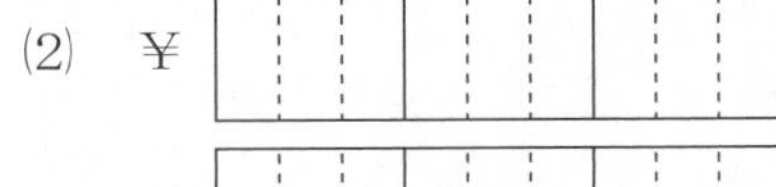

(3)　¥ 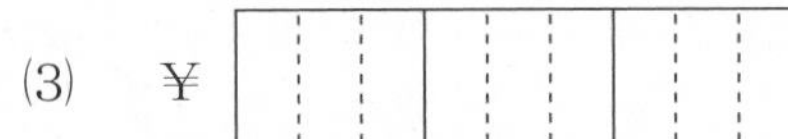

(4)　¥

〔第3問〕

問1

工事間接費予算額 ¥

問2

工事間接費配賦額 ¥

問3

工事間接費配賦差異 ¥

記号（AまたはB）

〔第4問〕

問1 記号（ア〜コ）

1	2	3	4

問2

部門費振替表

（単位：円）

摘要	第1工事部	第2工事部	第3工事部	機械部門	車両部門	材料管理部門
部門費合計						
機械部門費		51975				
車両部門費						
材料管理部門費						
合計		1869315				

〔第5問〕

精　算　表

(単位：円)

勘定科目	残高試算表		整理記入		損益計算書		貸借対照表	
	借方	貸方	借方	貸方	借方	貸方	借方	貸方
現金	6450							
当座預金	183750							
受取手形	1311000							
完成工事未収入金	1929000							
貸倒引当金		58800						
有価証券	146700							
未成工事支出金	1099500							
材料貯蔵品	68700							
仮払金	76800							
前払費用	3000							
機械装置	630000							
機械装置減価償却累計額		435000						
備品	75000							
備品減価償却累計額		48000						
支払手形		1059300						
工事未払金		940500						
借入金		534000						
未成工事受入金		354000						
仮受金		78000						
完成工事補償引当金		11400						
退職給付引当金		649500						
資本金		750000						
繰越利益剰余金		180000						
完成工事高		4725000						
完成工事原価	4119000							
販売費及び一般管理費	174000							
受取利息配当金		7800						
支払利息	8400							
	9831300	9831300						
有価証券評価(　　)								
長期前払費用								
償却債権取立益								
貸倒引当金繰入額								
子会社株式								
未払法人税等								
法人税、住民税及び事業税								
当期(　　　　)								

memo